贾长松 著

北京联合出版公司
Beijing United Publishing Co.,Ltd.

图书在版编目（CIP）数据

业绩重构 / 贾长松著 . —北京：北京联合出版公司，2019.10（2025.8重印）

ISBN 978-7-5596-3474-0

Ⅰ.①业… Ⅱ.①贾… Ⅲ.①中小企业－企业绩效－研究 Ⅳ.① F276.3

中国版本图书馆 CIP 数据核字（2019）第 153877 号

业绩重构

作　　者：贾长松
出 品 人：赵红仕
选题策划：北京时代光华图书有限公司
责任编辑：牛炜征
特约编辑：李淼淼
封面设计：零创意文化

北京联合出版公司出版
（北京市西城区德外大街83号楼9层　100088）
北京晨旭印刷厂印刷　　新华书店经销
字数 144 千字　　787 毫米×1092 毫米　　1/16　　11.75 印张
2019 年 10 月第 1 版　　2025 年 8 月第 3 次印刷
ISBN 978-7-5596-3474-0
定价：58.00元

版权所有，侵权必究
未经书面许可，不得以任何方式转载、复制、翻印本书部分或全部内容
本书若有质量问题，请与本社图书销售中心联系调换。电话：010-82894445

Contents 目 录

前　言　企业业绩重构，首先是结算模式的重构 / V

第一篇　目标重构

第一章　短期目标的制定 / 003
一、认知目标管理 / 005
二、个人短期目标的制定 / 007

第二章　长期目标的制定 / 013
一、个人长期目标的制定 / 015
二、组织长期目标的制定 / 016
三、联合工作计划的制订 / 019

第三章　统一组织目标 / 021
一、不断提升认知的层次 / 023
二、统一目标，传递企业梦想 / 026

第二篇　产品重构

第四章　重构产品逻辑 / 033
一、业绩差，从产品上找问题 / 035
二、用产品升级商业模式 / 036

第五章　产品设计 / 045
一、将客户分级 / 047
二、产品分级漏斗 / 048
三、解决方案漏斗 / 050

第六章　产品线设计 / 057
一、打造爆款产品 / 059
二、分清教育式产品和非教育式产品 / 062
三、做好员工生存类产品 / 063

第三篇　流程重构

第七章　提升效率 / 069
一、效率管理可以调动员工积极性 / 071
二、效率提升需要优化流程 / 073

第八章　企业流程优化 / 075
一、输入与输出管理 / 077
二、流程优化的五个方面 / 078

第九章　企业流程细化 / 083

一、梳理企业流程 / 085

二、找到关键考核人 / 087

三、确定岗位指标 / 088

第十章　考核管理 / 093

一、统一考核目的 / 095

二、考核重要领域 / 095

三、关键考核人考核指标的提取 / 098

第四篇　团队重构

第十一章　合伙人构建 / 105

一、合伙人制度 / 107

二、常见的合伙人模式 / 109

第十二章　人才管理 / 137

一、行业利润分析 / 139

二、领导人的号召力 / 140

三、胜任力管理 / 142

四、人才架构的设计 / 143

第十三章　胜任力模型设计 / 147

一、胜任力模型的维度划分 / 149

二、胜任力模型的构建 / 150

三、企业文化构建 / 155

四、小组织构建 / 159

五、对标管理 / 163

六、团队训练 / 164

Preface 前 言

企业业绩重构，首先是结算模式的重构

企业的成功是结算的成功，企业的失败是结算的失败。一家企业死亡，往往不是因为它没有价值，也不是因为它的产品没有意义，而是因为没有现金流。企业没有钱了，必然会死掉。

我在上课的时候，经常有企业的老板提到一个问题，他们说："贾老师，我们公司最大的难题就是应收账款比较多。"其实，应收账款多，在本质上就是结算出了问题。在企业管理的课程里面，"结算"这个词非常重要。拿我们公司来说，现金流充沛，从没有拖欠过员工的工资。因为我在产品设计的过程中，就已经思考到了结算这个问题。

有一家上市公司找我去做咨询，咨询费用是500万元。按说500万元的价格在咨询行业肯定不低，但是我不能接。我讲操盘手的课程，3天就可以挣几十万元。我讲5天的组织系统班的课程，利润是200多万元。如果我给一家企业去做咨询，别说咨询的价格是多少，先来看一下咨询的结算方式。咨询费500万元的一半左右都是成本，加上交通费、人员工资，再加上各种管理费用，最后我可能只挣100万元。特别是，这一单我至少要做一年。所以这个项目的结算就有问题。

一般员工的思考模式不会涉及结算这个问题，他想的是，老板让他怎么卖产品他就怎么卖产品，让他欠款他就欠款，让他收现金他就收现金，让他预付他就预付。

所有商业模式，最终都会归结到结算上。企业老板一定要绷紧结算这根弦。结算模式的重构，就是业绩重构的第一个方法论。

结算包含以下几个方面：

第一，结算模式怎么设计；

第二，定价与客户量的关系；

第三，预收与应收的关系；

第四，结算单位。

在杭州的操盘手的课程中，有位女老板问了我一个问题："老师，我有一种萃取液，是从一种植物里面萃取的，主要功能是清肺。中国北方雾霾严重，这种萃取液被人体吸收以后，通过血液循环，能把肺里面的脏东西清理出来。"

我一听她这个项目，觉得挺好。于是我提醒她，一定要设计结算模式，需要考虑以下几个问题。

第一，产品怎么卖？是B2B还是B2C模式？B2B是把技术卖给企业，由企业来制造终端销售产品。B2C是直接做出商品，卖给消费者。即要思考的是卖给企业，还是卖给个人，这是结算的首要问题。

第二，如果卖给个人，是按年打包收费，还是单个收费？

第三，如果打包了，谁来帮忙推广？

企业经营的核心是结算。如果不把结算模式研究透，业绩肯定没办法重构。比如这家清肺萃取液企业，又想做B2B，又想做B2C。女老板说这个项目运作三年了，累计投资两千多万元，到现在还没有利润。如果做B2C，就一定要做爆款，要迅速做火。比如可以把清肺萃取液做成一瓶保健品，核算出单价多少钱，价格越低，拉的客户越多。但是要考虑拉的客户能不能有复购？没有利润怎么办？如果做B2B，有人做代理商，也要研究好如何与代理商结算。

长松咨询有很多员工出去创业，可成功的人寥寥无几，为什么？主要原因也是没有研究透结算问题。结算弄不清楚就容易闹情绪，一闹情绪就容易出问题。所以说，结算也是创业研究的核心。

我有一个朋友，她原来是给别人打工的，后来跟一个老板合伙开公司。这家公司是为各种能源公司提供机械配套的。合伙老板做产品的能力很强，但是销售能力很差。她就以个人加一辆车入股新公司，占这家公司20%的股份，合伙老板占80%的股份，老板的太太是这家公司的财务。他们合作了一年，财务说没挣到钱。第二年、第三年，财务仍说没挣钱。连续做了三年，公司都没有利润。她感觉不可思议，仔细一分析，发现他们的结算有两个问题：第一，客户老是欠他们的钱；第二，其实有利润，但她掌握不了财务信息，拿不到钱。

长松咨询之所以能在培训界做到前几名，主要是结算模式非常清晰。业务员挣多少钱，会议营销（OPP）讲师挣多少钱，普通培训师挣多少钱，股东挣多少钱，结算模式非常清晰。各干各的活儿，各挣各的钱。为什么很多培训公司挣不了钱？因为老板经常给大家喊口号："大家赶快挣钱，将来我是不会亏待大家的。"结果，到最后都亏待了员工。只有把分钱这件事搞清楚、说明白，大家才会开心，才会轻松，

VII

因为这是员工的生活来源。老板迟迟不解决这个问题，最后肯定会出问题。

在本书中，我们会讲到企业如何导入SBU（战略业务单元）、如何应用合伙人制度，这些经营模式也都绕不开结算这个点。如果你的企业开始做SBU，一定要设立独立的经营模式。

有人说，应收账款很难管理。企业把产品给了代理商或客户，但是后者没给钱，而且欠款越积越多，累积达到几千万元。这时企业就得面对是否去要钱的问题。如果去要钱，企业辛辛苦苦维护的客户很可能就没了；如果不去要钱，这几千万元极有可能就打水漂儿了。一般优秀的企业在刚开始的时候，必须设定好结算模式。

有一家咨询公司的老板给我打电话，说他现在有5000多万元的应收账款。他其中一个咨询单是280万元，有20万元是预收款，收完预收款45天后，结算整个咨询单金额的60%，余款等项目结束以后再结算。他那年生意特别好，聘请了很多咨询师，合同签约金额达到了1亿多元。由于销售做得还不错，像这样预收款为20万元的咨询项目签了很多，到了年底，未付余款的咨询单违约率超过了60%。也就是10个签约的项目里面有6个不能正常结算。这样的企业看起来业务红火，账上却没有现金，这就是结算出了问题。

稻盛和夫能很快将一家亏损的公司变成赚钱的公司，是因为他通过阿米巴模式，解决了结算的问题。结算分为内部结算和外部结算。有限责任公司的结算是外部结算，即A到B，B到C，C到D，D卖出去就结算。A、B、C、D相互之间只是协同关系。企业越做越大，这条协同链越来越长，就越不可控，就会有人偷懒。阿米巴模式的结算，本质上是A结算给B，B结算给C，C结算给D，D再去结算，即多层结算。在多层结算里，结算标准怎么定？比如采购完的商品给了生产部门，这个加价怎么加？需要大量的精算。如果企业没有提前做好精算，就出不了好的业绩。

我们早期在招聘员工的时候，基本上都是采用聘用制。导入阿米巴模式后，就进入了合伙人时代。在有限责任公司里根本不存在合伙，只有聘用制，结算方式非常简单。只有存在内部结算的时候，才会有合伙人。所以阿米巴模式把每一个人变成合伙人，是有其自身的逻辑的。民营企业表面上把员工变成了合伙人，但本质上还是聘用制。即使有些企业把团队当成了合伙人，但团队并没有把企业当成合伙人，因为团队成员是被招聘来的，老板还是老大。天上有个洞，老板就要补天；地下有个洞，老板就要填洞，这就是老板的责任。

SBU比阿米巴模式更进一步。SBU和阿米巴模式的区别就在于，阿米巴模式对外只有一个结算口，但SBU对外可以有多个结算口。

介绍了这么多结算模式，那结算模式如何应用？长松组织系统咨询班的结算模式就很简单，比如产品A，有人邀约，有人销售，有人组织，有人服务，有人管理，有人讲授。一个优秀的项目设计师，必须把项目的全部流程画出来，以此做出利益结算模式。

长松咨询的赢利都是按比例进行分配的。邀约、销售的人拿走25%，组织、服务的人拿走25%，讲课、促成成交的人拿走50%。划定好比例，再把钱用不同的形式发放出去。讲师、CEO、服务人员、组织人员用分红的形式，其他人用提成的形式。成交一单，谁分多少利润，结算方式是相当清晰的。我们给OPP讲师设计了一个结算机制，要想拿到收入，就必须收到客户的预付款。长松组织系统咨询班，每年能达到1~2亿元的销售额，这里面有一个重要的奥秘，就是结算模式设计得合理。

在结算模式设计过程中，第一个阶段是让大家的利益绑在一起，形成利益共同体；第二个阶段是形成目标共同体；第三个阶段是形成梦想共同体。

业绩重构，首先就要重构结算模式。如果这个问题不解决，一直只有应收账款，一直和客户讨价还价，这是在浪费企业的成本，这样的企业肯定做不大。

当然，业绩重构不止结算重构这一项，它是多维度的，需要企业对自己的产品、流程、团队、文化等方面做整体的规划设计，其中的每一个方面都有其巨大的作用。希望读者能通过本书，了解个中奥秘，争取让企业的业绩越来越好。希望这本书能成为企业老板们手中的武器，成为他们工作中的一个重要帮手。

第一篇

目标重构

第一章

短期目标的制定

认知目标管理

个人短期目标的制定

一、认知目标管理

（一）目标管理是企业管理的核心

目标管理是管理系统里一个非常重要的课题。企业做什么工作？对个人有什么样的业绩要求？每个人的工作计划是什么？如何对团队进行考核？企业产品质量是否过关？要回答这些问题，目标管理是核心。

人和人的特点是不一样的。有些人以目标为导向，会先将目标量化，然后按照目标去制订行动计划，再按照计划执行，把每天的工作完成得非常有条理。有些人没有目标，觉得应该趁着年轻及时享乐，玩够了再想工作的事。

有的人定了目标，却总不能如期实现，原因大致有两个。

首先，知识体系还不够完善。当知识体系不够完善的时候，能力就不够，计划做十件事，最终只能完成一件事。

其次，自控力不够。

一个优秀的操盘手，要具备四个典型特征。

第一个特征是有自我管控能力。

第二个特征是要不断学习，及时把自己该学的东西学会。

第三个特征是学会拒绝。目标不能胡乱制定，要排除很多干扰，把自己的精力集中在一个目标上。在向着目标努力的过程中，不能"三天打鱼，两天晒网"。

第四个特征是要有格局。

（二）目标量化

目标要量化，要写出来。人和动物最大的区别就是，人比动物有更多的自我要求、更多的目标。

上大学的时候，所有同学都是一个层级的。但是毕业一年以后，人就有了分层。有人买了房子，有人一无所有；有人结婚了，有人还单身；有人在上班，有人在找工作。毕业五年后，分层更明显，有人身家百万，有人一贫如洗；有人有好几处房产，有人还在租房。毕业十年，有人已经成了大企业家，有人却还在失业中。

为什么会出现这种分层？因为目标！没有目标的人，只会浑浑噩噩过一生。目标清晰的人，明确知道自己想成为什么样的人。只有把目标和实际完成的数据量化，才能更清楚地知道自己的能力有多大，自己究竟是谁。

2008—2011年，我之前制定的目标基本实现了。之后我进入了迷茫期，我要不要继续干下去？我是不是该退休了？我和苏建诚老师一起打球的时候问他："您现在退休了吗？"那时候苏老师53岁，他说："我35岁就退休了。"苏老师以前经营一个瓷砖品牌，叫亚细亚瓷砖，后来以 20 多个亿的价格卖了。他接着说:"但是 5 年以后我就沉沦了,因为别人都在做事业,我却天天在家数钱。45 岁那年我开始做一些公益,把我当年从商的经历变成了一个领导力课程。"

我听完以后顿悟了。我不能退休,我的年度目标还要继续制定。通过制定目标,我要清晰地量化和监督自己,做好自我管控。2013 年以后,我的个人收益不但没有降低,反而在增加。不仅是劳动收入在增加,我的社会价值也在提高。

二、个人短期目标的制定

(一)一年定 6 个目标

心理学家认为,年度目标以 6 个最为合适。有的人今年挣了 10 万元,明年就定 20 万元的收入目标。为了完成这 20 万元的目标,放弃生活、学习,牺牲陪伴家人的时间,甚至不和父母联系、不谈恋爱,这种人是"目标控"。当目标控是不科学的。一年中制定的 6 个目标,一般由 3 个业绩目标和 3 个质量目标组成,业绩目标是事业方面的,质量目标是生活、人际等方面的。

前几年,我有一个目标就是每年最少陪伴父母 30 天。除了孝敬父母,还要陪陪老婆孩子。虽然工作很忙,但我一年中至少有半年时间是和孩子朝夕相处的。

我在国内有 20 多家公司,在美国也有公司,另外还投资了几家公司,平时还讲课、做咨询,我每天写一篇文章,学英语、健身、练钢琴，也一样不落。为什么我有那么多的精力去做这些事情？因为我做了目标管理。

（二）每周关心 10 个人

目标不但要制定，还要能定性或者定量。我有一个习惯：每周至少关心 10 个人。这 10 个人我会进行选择，我的关心是个性化的。我身边有很多朋友、同学，我们之间的关系因为我的这个习惯而一直没有断。

我的许多人际关系都得益于此。这 10 个人中包括亲人、朋友、同事、下属等。定这个目标，我觉得非常有意义。

（三）关系维护

有一个和我认识 8 年的人向我借钱，但我没借给他。我对他说："我们认识的这 8 年，你有没有做过我们之间关系的维护？你知道我的手机号吗？你知道我的微信号吗？逢年过节你给我发过信息吗？重要的日子你给我打过电话吗？最起码你应该偶尔给我发个短信，联络一下吧？这些你都没做过，说明你根本没把我当回事，我为什么要借给你钱？"

相信很多朋友也和我一样，会碰到很多年都不联系，突然找上门借钱的人。这种人是不可以借钱给他的，他根本就没有把你当成是值得维护关系的人，需要用钱的时候才想到你。

人生的质量和目标是有关系的。时代光华图书有限公司是做网络教育、图书出版、机场高铁书店的，在教育界非常有名。时代光华的大股东王光海，我和他只见过两次面，但是我们一直有合作。

有一天光海过生日，我给他发了一条祝福短信。由于我和光海是通过一个朋友认识的，当天他去找我这个朋友吃饭。吃饭的时候，光海说："我非常高兴，因为我今天过生日。"这个朋友说："哦？你今天过生日？"光海说："我还以为是你告诉贾老师今天是我的生日，他给我发了一条祝福短信。看来，贾老师是记住了我的生日啊，我非常开心。"他马上编辑了一条短信发给我："贾老师，今后在教育和图书出版上有为难的事情，只要我能办得到的，肯定全力以赴。"

就是这样一个小细节，让我和光海成了很好的朋友和合作伙伴。

（四）个人 6 个目标的执行

前年，我定的 6 个年度目标分别是：

（1）长松咨询实现 3 个亿的业绩；

（2）"营家" App 实现 2000 万元的业绩；

（3）美国公司实现每天 30 万美元的业绩；

（4）再买两套房；

（5）家庭成员都要健康；

（6）学习 MBA 课程。

虽然我定的目标不多，但都是很难实现的。对比分析之后，目前这 6 个目标进展情况如下：

（1）长松咨询现在每个月的业绩都在 2600 多万元，冲刺 3 个亿的业绩目标，基本上没问题。

（2）"营家" App 的营销业绩今年能不能实现，我都会做复盘。定了目标以后，我会通过复盘去检查过去的行为、动作、结果，看目标定得是否准确。

（3）我在美国的互联网公司，跟"营家"App是同一个月创业的，现在每天大概10万美元的收入。

（4）去年我买了三套房，所以超额完成了这个目标。

（5）为了我们一家五口人的健康，我们每年都做体检。我被检查出一些小问题，比如胆固醇有点高、轻度脂肪肝，但其他指标都是正常的。最近我有三个朋友接连去世，他们都还年轻，这也让我更想拥有健康的身体。

英年早逝的人多数没有健康目标。我的一个朋友，刚刚收购了一家上市公司，就查出患了直肠癌。从发现癌症到离世，只有两个半月，所有人都替他惋惜。他临死的时候，情绪失控，不愿意死。他经常为了工作疯狂喝酒，饮食也不规律，得了直肠癌，这真是得不偿失。

另一个朋友是女士，得了肺癌。她平常抽烟，从发现肺癌到去世只有两个月，病情恶化得更快。我觉得她更可惜，因为她自己经营保健品公司，专攻慢性病调理，生意做得还不错。她还有服装厂、配料厂，住着大别墅，孩子聪明健康，她人也漂亮。

还有一个朋友经常喝酒，爱吃火锅，吃各种动物的内脏，最后得了胃癌。有人花40个亿买他的公司，他不卖，被检查出胃癌以后，21个亿就把公司卖了。卖后一个月，人就去世了。

可见健康才是人生第一位的。所以在我的6个目标中，健康目标最重要。

（6）为了上MBA课程，我付出了大半年的努力。

我的这6个目标，除了"营家"App的业绩目标以外，其他都会实现。如果我们每年计划做 6 件大事,而且都能通过努力尽量做到,可以想象,坚持下来会是什么样子。

哪天回头看一下,你会发现,很多你已经完成的事情都像奇迹一样。我们做的事情越多,成就感也就越大,遗憾也就越少。

第二章

长期目标的制定

个人长期目标的制定
组织长期目标的制定
联合工作计划的制订

一、个人长期目标的制定

一个人一年要有6个目标,这些年度目标是短期目标。除此之外,还要制定长期目标。现阶段,我制定的长期目标有3个。短期目标是一至两年内要实现的目标,长期目标是很多年内要实现的目标。比如有人计划活到80岁,这就是一个长期目标。

要想长寿,就要把大目标的每个细节都做好,并进行量化。不是吃一顿麻辣小龙虾犒劳一下自己,就叫爱自己。有可能就是那顿麻辣小龙虾,让你的胃难受好几天。我的日常饮食尽量清淡,宴请朋友一般也非常简单,像湘菜、川菜,我一周只吃一次,绝不会吃第二次。这都是我对目标的细化。

一个人要订立宏大的、有挑战性的、有成就感的目标,在目标达成的过程中,要针对细节,努力养成好的习惯。

比如,我的第一个长期目标,是将长松咨询做成上市公司。这个目标很大,要想实现至少需要10年的时间。在我们制定的一个大目标里,要有很多小目标。要想让长松咨询上市,就要把大目标分解成很多小目标。比如:

第一，连续5年利润达标；

第二，业绩达标；

第三，账目必须合规；

第四，各种资质必须合理；

第五，著作权、商标权要清晰；

第六，企业商业模式合理；

第七，业务要有拓展性；

第八，业务"天花板"要高，市场容量要大；

第九，近期没有人举报；

第十，个人财富和公司财务必须清晰，不能偷税漏税。

这样，一个大目标立刻就被分解成了10个小目标。

我的第二个长期目标，是经营一家跨国公司。要想经营跨国公司，首先得会英语。要想熟练地使用英语进行商务谈判，最少要下5年的功夫，不间断地去学习。今年是我学英语的第二年。

要想成为跨国公司的老板，不但要学会流利的商务英语，还要了解当地国家的经济状况，这又是一个小目标。

我的第三个长期目标，是拿到博士学位。我看重的不是这个学位，而是其中的人生体验。

二、组织长期目标的制定

（一）制定共同目标，提升组织效率

个人的效率要提升，整个组织的效率也要提升。在这个过程中，企业要做的，就是进行目标规划。

企业老板最重要的工作就是做好目标管理。企业的目标包含长期目标与短期目标。我在"营家"App 工作群里讲过："营家"不是教人学知识的，而是要挖掘每一个人的潜力。通过看"营家"App 里的视频及各种案例，你会发现自己原本就是很优秀的。一个人处在学习的过程中，更容易发现，原来自己也不比别人差。人会越学越自信，"营家"App 的目标就是挖掘每一个学员的潜力。

有共同目标的组织和没有共同目标的组织的效率是完全不同的。没有共同目标的人会相互抱怨。员工会抱怨老板，认为老板不够英明；老板会抱怨员工，认为员工不够勤奋。实际上，老板应该多想想：这是不是和自己的机制设计得不好及目标不够清晰有关？一般来讲，员工没有好坏之分。所以，遇到问题，首先要思考前因后果。抱怨只会降低效率。

（二）企业价值观决定企业价值

企业必须有长远目标，长远目标包含企业的愿景、使命。愿景指我最后要成为谁，我的梦想是什么；使命是我能帮助客户成为谁，帮助客户变成什么样子。"营家"App 的使命是让销售人员的技能得到真正的提升，愿景是成为 8000 万销售人员的学习天堂。

企业必须有清晰的价值观，否则就会不择手段，会有服务造假、随意承诺、偷税漏税、行贿经营等行为出现。为什么有的企业不值得员工追随？主要原因就是企业愿景、使命不清晰，价值观不正确。除此之外，企业还要对员工行为、产品价值进行规范。员工行为就是员工日常的动作；产品价值就是研发的产品为客户提供了什么样的核心价值，满足了客户什么需求。这些都是决定一家企业成败的重要因素。

很多年前，我用百度的时候就在想，谁能打垮百度？我当时觉得，百度是打不垮的，因为它太强大了。后来百度变了，比如输入"肝脏"，搜索出的不光是关于肝脏的知识，而是先出现一大堆广告。百度已经不能给我提供真正的产品价值，或者说，我从百度获取产品价值的效率低了。当我们使用百度的频率下降的时候，说明百度的流量在下降；流量下降就说明百度的前景出了问题。是百度没有前景，没有需求，没有流量，没有平台吗？不是的。而是它的愿景、使命、价值观、员工行为和产品价值，与客户真正想要的东西发生了偏离。

企业的种种沉疴，基本都是以下五个方面出了问题：企业的愿景是什么？能不能够提供正确的消费观？企业的价值是什么？员工的行为是什么？产品的价值是什么？

在这个飞速发展的社会，你不愿意创新，不愿意树立正确的认知观，自然有人愿意做。哪怕你现在是"大鳄"，暂时有强大的自我修复能力，一时不容易倒下，但是一旦出事，就是大事。

（三）塑造产品价值和员工行为

考察一家企业，我从不问企业能赚多少钱，一般都会从前面说的五个方面来考察。最重要的是先看这家企业的产品能否给客户提供别人提供不了的价值。如果你没有为客户提供价值，说明你的产品与其他产品相比，没有什么优势。那你的产品还有什么存在的必要呢？所以产品价值的策划非常重要。

我的一位朋友开了一家国际考察公司，但经营得不是很好。他让我帮他分析一下原因。其实，我仍然是从前面讲过的五个方面去思考的。如果只做国际考察，谁都能做；只做商务交流，也是谁都可以做；这家公司没有针对客户的问题给出一套完整的解决方案。于是我建议他考虑一下为客户提供解决方案。

企业为客户提供的产品，必须思考能否满足客户的需求。我讲课十年来，场场爆满，因为我能给我的学员提供其他老师提供不了的产品价值。

塑造了产品价值以后，还要规范员工行为。如果员工的日常行为不正确，如果平时一有问题，员工不是想办法主动去解决，而是你看我、我看你，那企业的问题就很大。对员工行为的规范，要通过重塑员工的价值观和认知来实现，要让员工知道什么是正确的。

三、联合工作计划的制订

目标制定好了以后，第一步就是做出计划。我建议大家最好做联合计划。比如这个月要做的事情有很多，把它们都写下来，这样，要做什么事才会非常清晰。第二步就是对要做的事划分类别，按步骤写出来。第三步是确定责任人，即由谁来完成这件事情。

比如我们要上线"业绩重构"这款视频产品，就应该做一个联合工作计划。要计划好什么时候拍摄、谁来剪辑、什么时间上传、如何推广、如何销售、怎样维护客户等。要达到的目标也要写在计划里，然后标注日期，写上结果。

在这份计划表里，画一条红线，这条红线是目标和实际完成工作的分界线。每一步做到哪种程度了，都要体现在计划表里，以便和目标进行对比，并知道下一步该做什么。

第三章

统一组织目标

不断提升认知的层次
统一目标,传递企业梦想

一、不断提升认知的层次

我认为，人的认知可以分为这么几个层次：不知对错—只知对错—知道自己的能力、资源是有限的—能够整合身边的人和资源，为己所用—能为社会创造价值。

（一）只会认知对错，就会墨守成规

不同的人事业做得有大有小，实际上是由认知决定的。有的人连对错都分不清，有的人虽然知道对错，却墨守成规。

我哥哥经营一家培训学院。三年前我就跟他说，要多寻求外部合作的机会，他不听。到现在，他的竞争对手都通过合作把生意越做越大，他还在原地踏步。移动互联网兴起后，多数学员都来源于互联网，我哥哥不懂互联网，他对我说，他的培训学院快经营不下去了。他征求我的意见，问我，他现在可不可以转让，我说："不能，你现在至少还有饭吃,你可以学习新知识,接触互联网,重新再来。"人要学会熬,没有熬的经历,怎么会有提升?

(二)认识到一己之力是有限的

我从2002年开始讲课,到现在已有十多年了。那个时候,我就很清楚地知道,我的认知是有限的,我得靠大家、靠平台。我总共给200所大学院校投递过应聘书,给150多个培训机构发过自我介绍函。我每年更新一次完整的课程包,简介、课件,包括图片和文字,所有的东西我都提前做好,主动发给别人。从2003年起,我的课程都是满员的,课酬是一天5000元。但是我在第一个合作伙伴——中国人力资源开发研究会讲课,一天的课程收费3500元。我第一次在他们那里上课时,只有15个学员。一问才知道,有10个是收费的学员,另外5个是附送的。我给他们算了一笔账,会场的租金、午餐,再加上老师的飞机票,他们肯定亏钱。他们给了我1万元课酬费,我又还给他们一部分。因为我的认知告诉我,我是有限的,我必须考虑和外围的共赢问题。

有了和我的第一次合作,不到一个星期,他们老板又给我打电话,安排了两个月的课,大概是五场。后来他们的好多课都是我包场,他们很多子机构及老板的一些朋友都知道我,我的知名度就打开了。一个老师有知名度,讲课质量只是其中一方面因素,做人这个因素更为重要。

做企业也一样,产品好固然重要,但是企业的经营行为更重要。企业老板和员工的言行就是企业价值观、经营行为的外在表现。

（三）学会整合资源

我认识一位企业老总，有一次，她邀请我和几位政府人员及企业家参加她举办的商务宴会，在我们一起用餐聊天的几个小时中，她基本上就没有说过谁对谁错，她总是用喜悦的心情看待每一个人、每一个资源。她认为一个人不管观念是对还是错，不管能力是大还是小，都有三个用处：第一个是他对自己有用，第二个是他对我有用，第三个是他对社会有用。他对我有用，那我不管他有什么缺点，只要懂得欣赏他，总能找到一个合作的点。

我在美国的时候，有个女孩给我做了四年助理。这个女孩是中国人，长年待在美国，我身边的很多人认为她的思想太美国化，总是说她这不好、那不好，而我基本没说过那样的话。更多的时候，我是用欣赏的眼光去看待她的长处的。因为我明白，我是有限的，我必须有更多的资源，才可以创造更多的价值。

（四）为社会创造价值

整合了社会资源之后，不能只想着把这些资源变成私有的。比如有的官员不想着为社会创造价值，只想以权谋私，这样迟早会出事。高境界的认知是整合资源以后，创造出更多的社会价值。

大部分企业之所以经营困难，举步维艰，事实上就是前面说的五个方面出现了问题。有可能是产品没有为客户提供差异化的价值，或者是员工行为不端正、不善良。产品没价值，员工又行为不端，必定是认知的正确性出现了问题。追根溯源，还是企业的价值观不对。所以做企业，一定要对社会价值有正确的认知，企业的使命、愿景要能体现出企业对社会的价值，这样，企业才能做得长久。

二、统一目标，传递企业梦想

企业在经营过程中会面临三个群体：一是内部员工，二是投资人，三是客户。

企业不单要会制定长期目标，还得会"卖"。卖给员工，统一思想；卖给投资人，不断增加平台的能量；卖给客户，不断增加业绩。

（一）把目标传递给员工

企业制定出长期目标以后，接下来要做的一件非常重要的事情，就是把这个目标传递给员工。企业的使命再伟大，如果员工不知道，那么员工就没有和企业一样的目标，企业就没有办法统一员工的目标和思想。

一个组织狼性不足，首先是组织的目标不清晰，没有通过目标聚合员工做事情。一个团队的目标一定要清晰，要让所有人都围绕这个目标去做事情。如果每个部门都有自己的小主张、小想法，员工之间钩心斗角，那么这家企业就完了。老板没有把自己的理想传递给员工，员工肯定就想让自己的利益最大化。

在一些企业里，有的员工一边上班，一边做微商、代购，在朋友圈卖化妆品；有的员工虽然人在上班，其实心里想的是别的事，对工作得过且过。这说明员工的目标是不统一的，人心是散的。

所以，企业一定要不断地向员工灌输企业的长期目标，并且不断淘汰不认同这一目标的人。要记住一个重要原则：招聘不是招能力最强的人，而是招目标能够统一的人。

企业的目标管理出现问题，企业经营就会出现各式各样的问题。所以，老板要先把梦想传递给几个核心主管。长松咨询有几位骨干员工，他们是不会轻易辞职的。凡是有辞职苗头的，都会提前被我"拿下"。

维持人与人之间关系的最好方式就是共享形式，即共享双方的能力，这是一种 1+1>2 的关系。我的目标管理，就是通过营造这种关系实现的。

我的基层员工可能没有听过我的理想，但是中高层管理者对我的理想是非常熟悉的。我的任务就是传递梦想，不管是子公司的高管，还是各事业部的负责人、老师、总裁，我都会经常向他们传递梦想。一旦发现谁的思想不端正，目标不一致，我就会找他谈话。我希望能留下的人，都是和我有共同的梦想，能一起干大事的人。

企业要想重构业绩，就要把那些目标不统一的人先清理出去。宁愿把规模缩小，也要这样做。你考虑他的心情，但他才不会管企业的死活。该清理的就要清理，必须保证所有员工目标统一，让员工与企业之间、员工与员工之间，变成共享关系。

（二）把目标传递给投资人

接着，你要把目标传递给投资人，让越来越多的人愿意给你投资。这时，你要对长期目标进行策划，也就是说，要说清楚你的梦想具备什么特点，这一点非常重要。

第一，商业模式要清晰。

不能做出一个不伦不类的东西，谁都看不懂，那样投资方也不会给你投钱。

第二，经营要有金融属性。

金融属性也叫资本价值，比如房产的金融属性越来越明显。当你认识到房子的金融属性后，你可能会选择投资，那你就会拥有很多房子，你的总资产就可能增值。任何事情，只要你认清了它的金融属性，就能找到让它的价值最大化的方法。

所以，要让投资人看到你的商业模式的资本价值。

第三，业务有拓展性。

业务要有拓展性，要建立一个流量平台。企业最终经营的就是流量。要让投资者看到，虽然企业现在的业绩规模很小，但它是有前景的。

"营家"App 的 VIP 会员加上单独课程付费下载的，现在有一万多个学员，流量还很小。但是等它的流量变成 50 万甚至 100 万的时候，价值就高了。

目前，对百度形成很大挑战的公司是"今日头条"。今日头条也有搜索功能。互联网就是要好玩，效率高，节省时间，"多、快、好、省"是互联网的新特征。"多"就是信息量大、流量大，"快"就是速度快，"好"是好玩，"省"是省钱省力。谁符合这些潮流，谁就有发展前景。

第四，业务可以持续发展，持续赢利。

要让投资人看到你的业务的前景。

（三）把目标传递给客户

长期目标还要传递给客户。要传递的几个要点是：

第一，给客户带来的价值。就是你的理想如果实现了，能给客户带来什么样的价值。

第二,客户的投资回报,即消费回报高。

第三,客户的风险小。

第四,能提升客户的层次。这里所说的层次包含生活层次和事业层次。

把产品卖得很便宜其实没有多大意义,客户关心的是产品给自己带来的价值是什么;消费是否有增值回报,能不能提高自己的档次;在花钱的过程中,风险是什么。所以,要从这几个方面来满足客户的需要。你的理想被客户认同了,客户才会买你的产品。

第二篇

产品重构

第四章

重构产品逻辑

业绩差,从产品上找问题
用产品升级商业模式

一、业绩差，从产品上找问题

很多老板都说自己公司的业绩很差，应收款太多，没有利润。其实在这个时候，我关注的不是他们公司的薪酬体系做得怎么样，或他们的销售政策如何，而是他们的产品。

十年前的企业生存模式都差不多，老板们都是"50后""60后""70后"。他们接触的企业管理专业知识非常少，严重缺乏企业管理的系统知识，虽然把企业做起来了，但随着团队的壮大，他们日益意识到自己只有不断学习才能保证企业的生存。但当他们有系统学习企业管理知识的需求时，国内还没有专门为他们提供培训服务的机构，最早做培训的都是政府、国企、外企等，后来才出现了一批像长松咨询这样的公司和一批专家。

各个年代的老板有哪些不同？从股权上就可以看出来。"50后""60后"的老板，其股权几乎是100%，他们不会与别人分享股权，几乎没有跟别人合作过。也就是说，他们经营企业的方式就是"一手遮天"，就是"吃独食"。所以，这类企业一般都做不大。

"70后"这一批企业家,开始有股权改革的意识,但是他们的原则和底线是要控股。"80后""90后"的创业者,大多数不想控股,只想融资,投资者只要投钱就可以有控股权。他们是拿别人的钱来做自己的生意。只要有人能帮助他们把生意做大,那给投资方控股权是完全没问题的。

在"80后""90后"这一代人的心中,如果能把企业做成上百亿元的规模,自己分出10%的股权就是10个亿没什么问题。但这种思想,在很多"50后""60后"的企业家看来是不能容忍的。

时代在变,企业老板的思想、心态也在变。十年前专门为"50后""60后"老板们设计的培训场景、流程、思考模型已经过时了。如果不重构企业的产品,不去提升认知,不去改变战略,企业的业绩一定会下滑。这是优胜劣汰的自然法则,这是逻辑的改变,不是靠勤奋就能解决的,也不是靠加班、靠团队人数的增加就能解决的。培训咨询行业如此,别的领域也是如此。不管你的企业身处何种行业,如果看不到市场变化,不能与时俱进,企业都是无法生存下去的。

二、用产品升级商业模式

重构产品逻辑之前,我们先来看四个概念:

第一,产品价值;

第二,应用场景;

第三,流量平台;

第四,流量变现。

不管是实体经济还是互联网经济，不管是国际还是国内，新一代战略家、企业操盘手，把这几个概念理解透，就能清楚地知道如何设计企业的产品。抱怨只会让企业垮得更快，不能解决任何问题。

（一）产品价值

产品价值，从狭义上讲，指企业提供的产品能够解决客户的问题。没有价值的产品，是没有生命力的。比如共享单车，它解决了上班族"最后一公里"的问题，所以它有市场。人们使用共享单车的目的，主要是解决从公交车站到家或者到公司的交通问题。在广州，很多人骑共享单车，不是为了回家或去公司，而是为了健身。南方人的健身习惯，跟北方人不大一样。他们喜欢吃完饭骑上车，带着老婆或孩子去兜兜风，做做运动。在这里，共享单车不再是单纯的交通工具，已经变成一种运动工具了。这就是产品价值。

长松组织系统咨询班，课程内容包含股权部分、责任部分、薪酬部分、考核部分、用人部分等，用人部分又包含招聘、培训和晋升等详细的课程。我曾想把八天的课改成四天，只留下薪酬、考核、晋升和股权部分，或者把股权部分单独做成一个课程，但最后放弃了。长松组织系统咨询班能在全国做到第一，就是因为它有一个完整的逻辑，能全方位解决客户的问题。一旦砍掉某些内容，它的逻辑不再完整，可能就会出问题。

打造有价值的产品，有一个关键点，即当一个员工把精力完全投入到工作中时，他的收入能够解决他的生存问题。在评判一个产品好不好的时候，我首先就看这家企业的员工能不能靠本企业的产品活下来。

长松咨询开发的"营家"App，设置有365元的VIP会员，还有单收费的付费精品课，将来还会有地面的产品交付，甚至会有地面的创业项目的孵化和投资。也就是说，我们在设计"营家"App的时候，设计了后续的"一条龙"产品，如果销售人员只卖365元的VIP产品，他拿不到多少钱，没办法养活自己，那他就不会留下来。没有人，这个销售平台就建立不起来，这个产品的价值就出现了问题。

所以，设计企业产品时要考虑的一个重要问题，是要创造一个平台，一个能养活员工的平台，否则，这家企业会无法生存下来。

所以，广义的产品价值其实包含两个重要部分：

第一，产品设计的内容，能不能完整地解决客户的问题；

第二，产品设计的内容，能不能完整地解决员工生存的问题。

这两个问题设计不好，产品价值就无从谈起。不少精英从长松咨询走出去创业，但非常可惜，他们没有思考产品价值，开始时感觉大有可为，结果一创业就失败了，因为他们还没有掌握真正的业绩重构密码。

产品价值有A、B线，A线解决客户的系统问题，B线解决员工的系统问题。当我们的产品不能同时解决这两个问题的时候，我们就没有办法创造平台。没有平台就没有流量，没有流量就没有业绩，没有业绩就不能变现，不能变现就没有销售额，没有销售额就没有利润。

（二）应用场景

应用场景一直是我研究的重点。应用场景就是客户在什么情况下会使用我们的产品。比如"营家"App，我们设计这个产品的应用场景是，一个销售人员由于缺乏销售知识，在销售的过程中遇到了困难，于是他打开了这个App，搜索到他需要的知识点，马上就找到了对策。

但光有应用场景是不够的。如果这个人只是在他需要销售技巧的时候才去学，他会越变越懒，最后就干脆不学了。所以"营家"App必须成为一个互动的平台，让客户能通过这个平台认识更多的销售高手，认识企业的老总。有了这种场景以后，它的客户流量就会越来越大。

好的产品，就要构造出人人会使用它的应用场景。

比如长松组织系统咨询班的课程有一整套的理论体系，但我研究的不是这套理论体系，因为理论体系没有办法落地，无法构造应用场景。我在相关课程里植入了很多工具，比如岗位价值需求测评。凡是上过长松组织系统咨询班课程的企业客户，他们在招聘的时候，都在简历标准上加了岗位价值需求测评这一项。

这个测评，就是组织系统咨询班的应用场景之一。企业客户的员工做了这个测评，就是用了这个工具，这就说明组织系统咨询班有产品逻辑，有应用的平台。

长松组织系统咨询班除了导入价值需求测评，还导入了其他的比如考核表、目标责任书、目标规划书、晋升图、分红体系、股权体系等20多个工具。我的目标就是，这些工具在一家企业客户中至少要有8个应用场景。而且，很多客户上完组织系统咨询班的课程，都会推荐给别人，因为他们用了这些工具，收到了好的效果。

订飞机票、火车票时，我首先会想到携程，这说明订飞机票、火车票是携程的应用场景；肚子一饿，我就会想到饿了么和美团，它们构建的是购买美食的应用场景。可以说，一切商业都是在构建消费的应用场景。

比如我想在长松开设针对孩子的课程，就必须先构建无数个应用场景，甚至让别人看到以后，会自动问这是在哪儿买的工具。如果没有提供应用场景，产品的价值就难以实现。

如果产品根本没有应用场景，怎么能赚到钱？产品不仅需要有应用场景，而且应用场景里的客户越多，产品能赚的钱就会越多。

（三）流量平台

不管是在线下还是在线上，都需要流量。所有互联网产品，经营的核心都是在经营流量。为什么百度的股价被其他一些互联网公司超越了？因为流量发生了转移。以前人们搜索信息，都要用百度，所以百度是当时行业老大。但现在人们正在逐步转向别的渠道。

我想吃饭时，在百度搜索框里输入"面条"，会查出很多关于面条的内容：面条是什么，面条起源于哪里，有哪些种类，等等。但是在大众点评App上搜索"面条"，就可搜索到附近卖面条的饭馆，可以直接在平台上下单订餐。这样得到的内容非常精准，并且没有广告。也就是说，商业搜索已经从百度过渡到了这些O2O平台上，百度的一大部分流量被转走了。百度这家曾经独大的流量平台，现在被其他一些平台蚕食，它的流量变现能力降低了。百度的赢利模式是靠广告，但是现在流量降低，没有产品更新，就只能去做其他互联网公司的投资。

谷歌走的路就和百度完全不同，谷歌把流量平台继续做大。为什么在美国，雅虎不赚钱，而谷歌的地图却赚钱？因为美国的谷歌地图具备可以直接在地图上订购商品、查看评论的功能。

在企业经营过程中，第一件事情并不是要卖掉多少产品，而是要获取多少流量。有多少流量，就代表有多少客户。以前企业经营的模式是，我烙十个烧饼，大家买我十个烧饼；现在是有多少人关心我的烧饼，决定我能卖多少烧饼。

流量通道总共分为三个环节：运营—流量—变现。

为什么要强调运营？因为运营是早于流量的，没有运营就没有流量。运营的核心不是变现，如果要变现，业务员就可以做到了。运营的目的就是要吸引最多的流量，甚至要把自己的产品嵌入人们的日常生活，比如凡是使用智能手机的人几乎都离不开微信，微信的流量价值就很高。但是如果微信自己不优化，它的流量也会被别人逐步分走，比如短视频、快手、抖音等。

现在不少"90后""00后"的孩子已经不用微信了，因为他们觉得微信仅仅是爸爸妈妈监督、教育他们的平台。他们逐渐地转移到一些小的社交平台，或者宁可用QQ也不用微信，因为他们不愿意让爸爸妈妈知道自己的秘密。其实这就是微信的危机。

（四）流量变现

设计产品的时候，必须注意流量变现问题。我出版图书、开发组织系统工具包、在机场开播视频、讲公开课，都是为了解决流量问题。如果没有足量的图书光盘，没有足量的电台、微博、微信，公众号的传播，没有足够多的前端产品影响目标客户，后续肯定无法变现。流量变现了，就会有利润。

产品逻辑事实上是倒着设计的。也就是你准备怎么变现，就设计怎样的让客户购买的场景。如果不能设计出合理的模式和畅通的流程，这个产品肯定做不久长。

有人建议我给"营家"App融资，我持反对态度，因为流程不打通，融资没有任何意义。等流程打通，销售业绩达到一定高度的时候，其市值自然就变大了。

要想变现，首先得设计能变现的产品。设计好产品还要预测有多少流量。销售行业有一个"千分之三"定律，也就是打 1000 个电话，最终只有 3 个人会购买。

这个定律在很多领域都适用，比如在家庭教育领域，有 1000 个家长对家庭教育感兴趣，但是有 997 个家长在初步接触一些知识以后，就放弃了；比如长松组织系统咨询班，要获取 3 个学员，就要有 1000 个有效客户。

基于这个千分之三的转化率，你想赚多少钱，需要有多少人在你的产品平台上活跃，都能算得出来。下一步，你就要想办法，把流量吸引过来，并留下来。这就需要设计引流平台。引流即"勾引"别人到你的平台上，一般有两个办法：一是线下靠营销团队去推广，这种方式要求有足够多的业务员；二是在线上进行转化，这就要设计应用场景，让别人容易发现这个平台并且愿意使用。

引流之前需求调研。以前都是用户有某种需求，企业就做相应的产品，再发展一批代理商进行销售。但是现在，多是通过调查研究用户的需求，并马上把这些用户"勾引"到平台上，让他们买产品变现。赚钱后再调查新的需求，继续这个循环过程。

我们把这种逻辑关系叫作产品逻辑。大部分企业亏损，都是由于产品逻辑不通。产品逻辑不通，投资的钱就没有结果。也有的企业产品逻辑很好，但是量不够，因为光靠自己来做，没有引流，业务的拓展性不高。

好的产品逻辑加好的应用场景，企业就具备了基本的商业模型。商业模型做出来，产品经营就可以分为两种：一种是靠资本推动，另一种是靠利润推动。长松咨询就是一家利润推动型企业，类似共享单车这样的企业就属于资本推动型企业。资本推动型企业要想经营成功，必须成为这个领域中的"老大",一旦坐稳老大的位置,其他小企业就会"缴械投降"。打败老大的办法是场景升级,而不是靠业绩。

在美国,亚马逊是老大。想打败亚马逊很难,只能用场景升级的方式才行。因为它的流量和流量变现的能力超过了任何平台,消费者已经养成使用亚马逊平台的习惯了。试想,你会随便到一家小公司的平台去订飞机票吗?我相信大部分情况下是不会的。

到最后,我们会发现消费者完全被几家大公司"绑架"了。人们买哪个开发商的房子,用哪个品牌的手机,到哪儿看电影,在哪儿订飞机票,坐哪家航空公司的飞机,都被场景化了。一旦一家公司的场景化升级到商业模式固化的阶段,想打败它,除了升级应用场景,别无他法。

新的时代潮流,已经到了再不去构建新的应用场景,就要宣告死亡的关键时刻。这种死亡,不是别人把你打死的,也不是市场把你做死的,完全是你自己的进化出了问题。

第五章

产品设计

将客户分级

产品分级漏斗

解决方案漏斗

一、将客户分级

一家银行花了 3000 万元请知名的大型咨询公司做了一次咨询。这家银行的现状是不良贷款率高,虽然客户特别多,却没有利润。咨询公司经过长时间的调研,给这家银行做了一个重要的战略性改进方案。这个方案就是将客户分级,设定分水岭式的经营模式。要想重构业绩,就必须明白,人的认知和资源永远是有限的。如何才能将有限的资源放到最优质的客户上呢?首先就要做出客户的分级,对不同级别的客户提供不同的产品,然后再持续经营。在这样的情况下,企业的产品逻辑才会趋于合理。

在银行客户中,一些人占用工作人员的时间比较长,存款少。如果工作人员对每一个客户投入的时间完全一样,肯定是赚不到钱的,因为付出的成本和回报不成正比。这家银行在咨询后,将客户分成 5 级:普通客户、金卡客户、钻卡客户、贵宾资金客户和私人银行客户。最高级的客户,可能并不是存款最多的客户,而是消费最频繁、资金流动最频繁的客户。这样的客户比 20 个普通客户创造的利润还要高。

某牙科诊所把客户分为4档：A档、B档、C档和D档。

A档客户用好牙刷刷牙。

B档客户不但有刷牙的习惯，还有用牙线的习惯。

C档客户经常洗牙，还经常用漱口水。

D档客户，除了以上项目，还要经常给牙齿做检查。这类客户，在牙科门诊消费得最多。

假如这家牙科门诊有1万个客户，这1万个人里面，有多少个D档客户？很少！因为绝大多数人对牙齿的投资非常少。

对客户做出分类后，就可以实现A档客户向B档转化，B档客户向C档转化，C档客户向D档转化的过程。也就是说，只用牙刷刷牙的人，教他用牙线；用牙线的人，教他用牙线加漱口水；用牙线加漱口水的人，教他定期护理牙齿。客户的认知不同，教育成本也不同，所以客户分级就显得非常有必要。

针对不同的客户，我们做了一个非常重要的产品设计模型，叫"漏斗管理"。漏斗管理模型分为产品分级漏斗和解决方案漏斗。

二、产品分级漏斗

（一）沙滩客户

当你没有提供产品的时候，所有客户都是"海底客户"，意思是，他们还不是你真正的客户，还在大海里面，需要你把他们找出来。一个服装行业老板说，中国有14亿人，女人有7亿，每个人都得穿裤子，每个人买他一条裤子,他就能卖 7 亿条裤子。一条裤子卖 100 元钱,就能卖 700 亿元,这个市场太大了。这都是瞎说的,因为这些人只是海底客户。

预先想好你的海底客户是谁,从中找出"沙滩客户",就是其中会购买你的产品的人。只有沙滩客户才会为企业贡献销售额。

怎么样才能让海底客户变成沙滩客户呢?这就需要设计一种产品,促使他们购买。

比如我们为海底客户提供免费的网络视频,吸引大量流量,再设计图书、光盘,卖给其中的沙滩客户。

(二)贝壳客户

比沙滩客户高一级的客户叫"贝壳客户",也就是从沙滩里面找到贝壳。因为贝壳很少,较珍贵,所以卖给贝壳客户的产品比卖给沙滩客户的产品的价值要高出十倍甚至百倍。比如我们的企业操盘手课程、组织系统工具包,都卖给了贝壳客户。

贝壳客户能直接听我讲课,沙滩客户基本上听不到。客户可能会买我的书,买我的光盘,但想到现场来听我的课,至少得交 1 万元钱,我把交纳这 1 万元钱的客户,叫作贝壳客户。

(三)珍珠客户

有些贝壳里是有珍珠的,我们又可以从贝壳客户里选出更优质的客户,叫"珍珠客户"。

珍珠客户的比例更小。从前面所说的几类客户那儿,我根本挣不到钱，因为卖给他们的产品单价低，总价也低，员工奖励高；开发客户的时候，消耗的成本也高。只有珍珠客户才是真正能为公司提供业绩的客户。

每一单生意、每一个产品都想赚钱是不可能的，前期是在养客户，所以得制造出很多产品。就像"营家"App上的很多课程都是免费的，吸引了大量普通客户，然后才有了VIP客户，VIP客户就相当于贝壳客户。贝壳客户中又有一部分愿意为某些精品课程付费的客户，我们称之为珍珠客户。珍珠客户甚至可能会走到创业模型上，与长松进行深入的合作。

海底客户—沙滩客户—贝壳客户—珍珠客户，这个产品设计模型流传了几十年。为什么很多老师讲课非常棒，但一年的收入并不高？因为他们没有完整的产品设计思路，产品太少了，所以没有办法或者没有权利对客户做出筛选，无法把客户的经济价值最大化。

三、解决方案漏斗

在做产品设计的过程中，要先把产品分为四个重要的维度，这四个维度，正好形成了解决方案漏斗。

第一个维度是尝试产品，第二个维度是前端产品，第三个维度是中端产品，第四个维度是后端产品。企业产品的维度不同，定位也不同。在四个维度的产品中，最挣钱的是中端产品。尝试产品的客户并不多，也不可能天天让人尝试，就只是在搞活动的时候，让客户尝试。尝试产品和后端产品的量都很少，它们都是为企业引流，增加口碑的。

（一）尝试产品

"营家"App 的直播和免费栏目，就是尝试产品。客户虽然可以负责看，但是绝对不能天天看。我们设计的是一周直播 2~3 次，不是每天都有。有人说免费不就行了，这样的客户对于我们来说绝对不是优质的客户。站在消费者的角度，要想让商家持续为你提供服务，你必须付费。当你总想着免费的时候，商家就没有持续收入，那它离破产也就不远了。它破产了，消费者的损失会更大。

用安卓系统手机的人，总喜欢用免费软件。免费软件用的时间长了，你再不为商家付一点钱，这个商家就会死，也没有人为你提供后续的升级服务了，最后受损失的还是你。

（二）前端产品

客户试用产品以后，接下来，我们推出了第一个正式的产品，这个产品叫前端产品。前端产品有两个作用：第一个作用是教育客户，第二个作用是增加客户量。当你的客户量不够的时候，推出中端和后端产品没有意义。前端产品并不以挣钱为目的，开口的数量越多，漏斗的趋势就越好，就越能挣钱。

我有一个学员是经营口腔诊所的，他说："贾老师，我的诊所不赚钱，所以我就开了小额贷款公司、火锅店。"我说："你赶快退出其他行业吧，还是经营口腔诊所比较好。"人们有一个通病：当一个行业不赚钱的时候，就喜欢跑到另外一个行业去试试。其实你在这个行业不赚钱，是因为你的产品逻辑没有设计好。比如他的口腔诊所，其实可以对产品进行分级——尝试产品、前端产品、中端产品、后端产品，把前端产品的价格降下来，洗一次牙在北京大概300~500元，那他可以降低至99元，只收成本钱。最便宜的时候甚至可以只收19.9元，也就是基本材料费，连人工费都不收。他听了我的意见，于是到学校给学生们免费检查牙齿，免费检查就是尝试产品，然后再让学生建立档案，学生去他的店里洗牙可以享受优惠价格19.9元/次，由此，他的客户量增多了。客户量增多了，也就是流量变大了，流量大了才能实现流量变现。

在长松咨询的产品中，组织系统工具包就是前端产品。这款产品可以让很多企业老板认识到管理系统的重要性。组织系统工具包这款前端产品和组织系统咨询班的比例是10∶1，也就是今年要想开发1000个组织系统咨询班的客户，就要卖掉1万个工具包。这1万个客户在使用工具包的过程中，会有很多的问题没法解决，有些还需要面对面地解决问题，所以，大概会有10%的人加入组织系统咨询班课程。组织系统咨询班的客户中又有10%的人开始使用长松咨询的其他辅导和咨询服务。长松咨询就是这样不断地深入发展客户的。

（三）中端产品

前端产品开发好，沙滩客户和贝壳客户自然就变多了，这时候就要继续把流量变现。

云南白药本来是化瘀止血、止痛、解毒消肿的中药，人们只有受伤的时候才会用到它，所以它的应用场景很窄。企业发现这样的应用场景赚不了什么钱，于是开始从后端往前推，创造了一个新的产品——云南白药牙膏，把只有受伤的时候才能用的东西变成了日用品。人们对其使用频率变高了，产品流量变现的可能性也变大了，企业就赢利了。

我原来是一个讲师，最早就是直接给别人做咨询的。算下来，我一年只能服务 5 个客户，1 个客户收 100 万元，5 个客户就是 500 万元，减去运营成本，减去团队员工工资，到我手中不到 200 万元，怎么办呢？于是我将组织系统工具包做成前端产品，将组织系统咨询班做成中端产品，这就是流量变现的思考模式。

客户是正向开发的，产品是倒推的。前端产品做好，客户开发完，就要继续为他提供中端产品，中端产品的目的就是创造利润，并且最好是流程化交付，也就是要提供标准化的产品。

为什么我很少到企业里做咨询，而花大量的时间讲组织系统咨询班课程？其实这是一道数学题。我到企业做咨询，一年只能挣 500 万元，再减去成本，几乎剩不下多少利润。但是如果我讲组织系统咨询班课程，为客户提供的是 8.8 万元的产品。我一次上课，学员数量以 200 人计算，减去复训的，每次付费的大概有 130 人，130 乘以 8.8 万元／人次，一次的收入就是约 1300 万元。1300 万元再乘以 80% 的毛收益，也就是 1000 万元的交付额。这 1000 万元的收入就是 8 天的时间创造的经济效益。再核算一下纯利润，大概也是 200 万元。也就是说，我用 8 天的时间，可以挣到一年的钱。

前端产品是教育客户和增加客户量的，中端产品是创造企业利润的利润源。德国大众公司最赚钱的车型既不是前端产品，也不是后端产品，而是中端产品奥迪 A4、奥迪 A6、迈腾、帕萨特等。很多企业根本不知道中端产品是怎么开发的，更没有设计中端产品。

所以前文开口腔诊所的学员问我该怎么办的时候，我明确告诉他不能光洗牙，光靠 19.9 元的洗牙会赔死的，要有中端产品。口腔诊所的中端产品除了牙线、漱口水，一定要加上修牙。修牙要从深度洗牙开始，深度洗牙加修牙，都是赚钱的服务。这些项目的价格可以和别的诊所一样，因为他把洗牙的利润让出去了，流量就会比别人高。因为能为他创造高利润的产品是中端产品，所以他应该把核心的服务能力全部用来研究中端产品，还要把中端产品的交付流程模式、应用场景做得非常有价值。

我的组织系统咨询班设计了 20 个应用场景，在这些场景下，客户会使用我的产品，而且其方法是从组织系统咨询班里面学会的，这样就形成了客户黏性。中端客户给别人推荐的产品，既不是前端产品，也不是后端产品，而是中端产品。转介绍最有效的客户，就是中端产品的用户。

有人买了我一本书，他会介绍别人也买一本，他可能推荐了 10 个客户，但这只是增大了我的流量，不能增加我的利润。

客户在什么情况下的转介绍对你的利润提升帮助最大，你就要在什么地方下大功夫，直到让客户特别满意。长松咨询客户满意度最高的产品是组织系统咨询班的课程——它是我们公司的中端产品，也是我们的利润源。

在利润最高的点上，提高客户满意度，增加复购率，增加转介绍，是一家企业最英明的做法。

（四）后端产品

尝试产品是让别人认知你的品牌；前端产品教育了客户，增大了客户量；中端产品创造了利润。产品标准化以后，我们还要继续为一批优质客户提供后端产品。后端产品的重要理念就是个性化订制，要围绕着客户的情况去做有针对性的服务。

后端产品的一大特征就是个性化。另外，它交付时的解决方案是集设计、创意、服务于一体的。后端产品的利润空间虽然很高，但是它的量不大。

不过，无论哪种产品、哪种品牌，最挣钱的模式仍然是标准化生产，并非个性化订制。如果将对所有客户的产品或服务全部个性化，企业根本挣不到钱。

每个老板都要善于发现企业是从哪些客户中获得利润的，找到企业的利润区。也就是说，谁都不可能从所有产品中都挣到钱。那就要设计一个利润区，想明白做什么产品能挣钱，两头的利润可以舍掉。

对于珍珠客户，我可以做投资，但是毕竟珍珠客户数量非常少。我可以把尝试产品的利润让给客户，让更多的人了解我。研究好利润区以后，再把核心服务放到利润区里，从而形成一条产品线。这条产品线始于尝试产品，获利于中端产品，升华于后端产品，最终形成对客户问题的一整套解决方案。

但也要记住，后端产品的量一般是越来越少的。比如奥迪R8、路虎揽胜，这些车单价很贵，但量很少，为它提供服务的成本也很高。它只能增加品牌优势，增强口碑，但是它没有使企业获得大量利润的能力。即使把其他产品的销售额都投入到后端产品的研发生产中，也不一定挣到钱。所以我们应该明白尝试产品、前端产品、中端产品、后端产品与客户分级的逻辑关系，这样才能更清楚地了解服务的时间、方法，以及着重服务哪个群体能换来最大的经济利益。

第六章

产品线设计

打造爆款产品

分清教育式产品和非教育式产品

做好员工生存类产品

很多企业的业绩之所以没有爆炸式增长，主要是因为缺乏产品线。没有产品线，客户的留存率就很低，最终造成业绩下滑。好不容易开发一个新客户，一定要留住他。要想让客户不断地掏钱，就要不断为他提供价值。

企业在经营的过程中，如何建立一条生生不息的产品线？有几种方法和大家分享。

一、打造爆款产品

如果某个领域里上上下下、大大小小的生意都是一家企业的，这家企业能全方位解决客户的各种诉求，我们就说这家企业有较为完整的产品线。比如新浪，它原来就是做网站、微博的，后来它在微博里重构了很多功能，形成了庞大的产品线。

如果你的企业很小，目前没有能力构建产品线，该怎么办？要出爆款产品。因为在某个行业中最赚钱的办法，就是打造爆款产品。企业会把所有精力都投到这款产品上。爆款产品的市场占有率奇高,如果能做到这个领域中的第一名,让产品成为这个领域的代名词,那么企业就成功了。比如红牛,就是爆款。大家一困一累,就会想到喝罐红牛,它已经成为"提神"的代名词。

2018年流行过一款小黑裙,小黑裙的定位是爆款设计中非常成功的。女性喜欢穿裙子,多数女性喜欢百搭的黑色。所以小黑裙的设计,从一开始就抓住了女性的痛点,然后深挖款型。长的、短的、带花的、不带花的,有吊带的、没有吊带的等,款式非常齐全。

为什么要专门做小黑裙呢?其他颜色的裙子不做吗?试想,一把宽而短的剑和一把窄而长的剑,哪个更容易插进物体?后者。所以这家企业把产品定位得非常窄,但做得很深,这样才更容易插进缝里去。

最近几年,老村长酒销售异常火爆。白酒市场现在几乎饱和,很多白酒生产企业都处于亏损状态。老村长酒就是定位于一个小而窄的领域,获得了成功。劲酒采用的也是这种策略,劲酒目前号称"保健酒第一品牌",特别是在餐厅吃饭的时候,很多人都会觉得喝酒伤身,但是喝保健酒对身体很好,于是劲酒做到了保健酒类的销量第一名。

所以,当一家企业还没有能力独占市场的时候,就要考虑做爆款产品。可以说,打造爆款是企业初期打开市场的关键思路。

长松咨询在成立之初,我们想过很多产品。当时的培训市场有经理人培训、商务礼仪培训、销售培训、领导力培训,还有企业教练技术培训、计算机培训、股权培训、财务培训,等等,真的是五花八门。如果什么培训产品都做,那肯定不行,所以要打造爆款。我们最早打造的就是长松组织系统咨询班,这款产品就是奔着成为爆款去的。我们的目标就是在这个领域中,要把它做到最好,让它成为最锋利的那根针。爆款打造成功以后,再慢慢地扩大产品线就容易了。

如果一家企业的产品很多，每个产品又只做到了六七分，那问题就大了。"营家"App 的宣传语是"更懂营销"。我们想把"营家"App 打造成在线学习领域的爆款，把这个领域做透、做深、做精，要让此领域的客户形成一种购买习惯。有人问我将来是不是只做销售，我说不一定。比如销售人员也有理财的习惯，有创业的愿望，那我们也可能会提供这类边际产品。但是在爆款的针尖没有扎透的时候，还是要主攻这个领域。

要想让产品像推土机一样往前推进，就要有爆款。爆款要具备什么样的条件？怎样设计爆款？怎样才能让它做得更好？

第一，爆款产品能把潜在的需求构建成为刚需。

第二，爆款产品具有复购能力。

所有爆款产品都有一个共同特征：不止被消费一次，而是有人不断地购买，不断地消费。

第三，要迅速成为第一。

只有排名第一的爆款才有存在的意义。等它排名第二的时候，它就不再是爆款，也就失去了爆款的价值。

第四，资金投入量不能太高。

资金投入量也叫消费量匹配，是指爆款产品的定价不能太高。

总的来说，如果一个产品可以把一个人的潜在需求变成刚性需求，可以不断地被复购，在这个领域中又是销量第一名，并且消费它的支出成本又可以被绝大多数人接受，那么这个产品就可以成为爆款。

企业都需要打造爆款产品。比如浪莎袜业先推出的是袜子，而不是浪莎棉袄、浪莎裙子；雅戈尔先推出的是衬衫，之后才是西装、鞋子。它们都是先由一个产品往外推，把所有精力都集中在这个客户群体，最大限度地吸引流量，一旦有消费者买袜子、衬衫时，都首选它们的产品，那其流量变现就变得相对容易了。

二、分清教育式产品和非教育式产品

产品可以分为教育式产品和非教育式产品。

牙膏就是非教育式的产品，因为人们已经有了对牙膏的需求，只不过会在不同的品牌间进行挑选。我们把客户不需要经过销售人员的教育就有明确的需求，只需根据价格和需求标准去选择的这类产品，叫作"非教育式产品"。

非教育式产品的特征就是，提供这类产品的企业特别多，因为它的门槛低，属于一次性消费品。所以非教育式产品要靠品牌制胜，需要首先打造爆款。

保险属于教育式产品。没听说过谁开了一家保险商店，客户自动到这家店里来买保险的。客户买保险，都是在销售人员的详细介绍后才购买的。

教育式产品非常注重消费时和购买后这两个环节。所以教育式产品有一个硬性要求，就是给人的第一印象要好。

长松组织系统工具包就是教育式产品。在设计时，我首先考虑的就是包装要有厚重感。1.0版本的工具包的价格是每套1万元，我们首先要让消费者感觉值这个价钱。中信书店的副总经理说："贾老师，你这些工具包知识量太大了，能不能放到U盘里？"这完全可以做到，但是他不了解我的产品，一款高端教育式产品，首先要让人看着就觉得值。

所以我要做成工具包，而不能做成U盘，为的是让客户看着觉得值1万元，这是教育式产品的设计原理。经过不断升级，我的工具包现在定价每套两万元。可以想象一下，有人在机场花了两万元买了一套工具包以后，他心里是很忐忑的，"会不会上当了呀？"在消费心理学里有一个重要的理念，就是当一个人消费一件东西的时候，最渴望得到认同，而不是考虑它能产生多少价值。比如你买了一个包，有人说你的包太好看了，你就感觉值了。在机场书店，我相信两万元的工具包肯定比同样内容的U盘卖得快，虽然它俩的使用价值都是一样的。

我的非教育式产品是我写作的图书。一本书定价50元，不能靠业务员去卖，因为卖书的提成和奖金根本不能养活一个业务员，但是业务员去卖组织系统工具包是可以的。组织系统工具包在书店里卖掉一套，店长就有几千元的奖金。书店是个非教育式产品的销售平台，在书店买教育式产品需要有人推荐。一本书摆在书店里就有人买，但组织系统工具包摆到那儿很少有人买，因为单价高，决策的流程太多，需要有人对客户进行教育，必须有人去做推介。要想让店长帮助我卖产品，就要用重金奖励。

也就是说，教育式产品靠的是团队制胜，首先需要打造产品链。前面说过，非教育式产品不需要先打造产品链，而是先要打造爆款产品。

所以，产品的属性不同，定位也不同，经营策略也不同。

三、做好员工生存类产品

假设业务员工资的心理期望值（底薪）有三个层次——8500元、5000元、2500元，我相信绝大多数业务员都想要8500元的底薪。但当今市场竞争非常激烈，如果给了业务员8500元的底薪，企业就没有利润了，很可能会亏损。行业营销规律是在1000名业务员中，当月出单的人只有200名，还有800人是不出单的。但这些人的底薪、住宿费、差旅费、电话费、办公费等是不可少的，这样企业就很难赚到钱。这也是在培训界里，很少有老师愿意组建销售团队的原因。

有的老板将业务员底薪定在2500元。但问题是，企业有利润了，业务员的生活却得不到保障。这会导致业务员的流失率非常高，组建团队成为泡影。如果底薪定位5000元，既没有解决业务员的生活问题，又没有解决企业的利润问题。

三个层次的底薪都不行，让人觉得这是个无解的问题。这时，我们需要重新回到产品逻辑上。企业要想重构，首先要有团队。既想建立低底薪的薪酬团队，还要保证企业有利润，该怎么办？其实，可以把产品线分为三个重要的部分：第一部分是员工生存类产品，第二部分是平台生存类产品，第三部分是总部生存类产品。

员工生存类产品如何设计？一本书的定价是50元，其成本也就十几元，业务员卖一本就可以挣20~30元。新员工卖一本书非常容易，但是卖组织系统工具包很困难，这需要员工有庞大的知识体系才行。一位员工给我发微信说他很苦恼，来长松两个月了还没有出过单。我问他是不是卖东西的顺序出了问题，我让他拿几本书和几套光盘去大街上卖，看看能卖多少，如果一本都卖不掉，明天他就可以辞职。那天下午3点多，他发微信说卖了6本书、两套光盘。一套光盘的提成是200元，两套就能挣400元，卖6本书可以挣180元，他一天合计挣了580元。如果他一个月有10天都能达到这样的业绩，就可以挣到5800元。所以把底薪定在2500元，我们也可以招到员工，但要设计一款让业务员随手都能卖出去的产品，这种产品就叫"员工生存类产品"。

很多企业没有业绩，是因为他们在设计产品的时候，只考虑企业的利润率，而没有考虑员工生存的因素。如果企业连员工都养不活，团队建立不起来，那利润率就没有意义。没有足够的基础变现能力，企业肯定是不能长久发展的。

企业的产品首先要考虑低底薪的员工如何活下来的问题。假如我给员工 8500 元的底薪，长松咨询可能早就破产了，因为资金消耗量太大。多数员工只能先靠员工生存类产品活着，他们能够卖平台生存类产品和总部生存类产品的时候，薪酬就会大幅度提升。当然，平台生存类产品和总部生存类产品的产品总价、产品定位、产品销售的难度也会越来越大，需要销售人员一步一步地学习。

在长松咨询，一个普通的业务员销售员工生存类产品，一个月至少可以拿到 3000 元以上的提成，再加上底薪，每个月挣 5500 元不成问题，他就不会走了。有的企业不知道这个方式，强制要求业务员做到 20 万元 / 月的业绩，但产品又都是高价产品，员工卖不掉，只好辞职了。企业首先应考虑如何留住员工，然后才是不断地更新产品。

第三篇

流程重构

第七章

提升效率

效率管理可以调动员工积极性
效率提升需要优化流程

一、效率管理可以调动员工积极性

企业要提升业绩，有以下几种重要的方式：

第一种方式：创新。

假如我们的产品和别人家的产品都一样，那就研发一款更优秀的产品，让客户都跑到我们这边来，这种方式就是创新。

第二种方式：提高效率。

一个人或一个组织业绩低的主要原因就是效率比较低。别人一天能挣一万元钱，你一天只能挣十元钱，这就是效率比别人低。

人生就是一场效率管理。如果企业能把每一个员工的工作状态和工作指标做最佳的结合，那么这家企业就成功了。优秀的企业，无一不是极大地调动了员工的积极性，想办法让所有人的知识、才华变现。只有这样，才可以提高企业的运营效率。

稻盛和夫接手京瓷的时候，这家公司是亏损的。他发现，导致公司效率低的一个重要原因就是，员工没有把工作当成一件美好的事情。

员工都很讨厌工作，认为工作是一种负担，因此在工作时交头接耳、说三道四，关注与工作无关的事情。当员工不热爱工作的时候，也就很难创造出极高的效率。所以他认为要想提高效率，必须想办法让员工认为工作是一件美好的事情，工作是一种享受。

导致效率低的第二个原因是工作没有办法量化，即具体工作的考核量化度不准确、不科学，分不清楚员工各自做了多少，没办法考核。比如学习这件事情，可以通过分数得以量化，从而看到自己的进步。工作也是这样的，如果一家企业没有考核，没有评估，没有量化，并且员工都排斥考核，排斥量化，那么他们就不知道自己是优秀还是平庸，到最后都是破罐子破摔。

稻盛和夫决定改变公司的面貌。他先从员工入手，跟员工讲工作的状态，带头搞产品研发。他采用了很多方法帮助员工进入工作状态。他要求每个人把自己一天中有意义的事情写出来，把过去十年做的重大工作罗列出来。然后，制定新一年的工作目标，并且要求比上一年多做一点工作。谁的工作做得棒，大家就会鼓励他。他在公司内部创造出这样的氛围，让大家认为工作是美好的。

然后，他又制定了量化的考核指标，让员工能明确地看到自己的进步。

稻盛和夫发明了一种非常重要的管理方式——阿米巴经营。就是在公司内部分出许多小组织，对每一个小组织进行工作的量化，给每一个小组织提出新的目标，提高员工的积极性。

稻盛和夫通过短短一年的时间，就让这家公司开始赚钱了。

后来，稻盛和夫又把这个方法引入日航，也使日航扭亏为盈了。

有的人工作浑浑噩噩，没有成就感，没有目标感，就是因为他的组织在管理意识上没有提高，组织的管理者没有把让员工认知到工作的快乐感当成一个重要的目标。这样的企业，业绩表现自然不会好。所以说，效率管理是企业管理中非常重要的内容。

二、效率提升需要优化流程

企业只要运营，就会有成本。如果单位时间内创造的业绩低，再减去成本，企业将很难有利润。如果每位员工都斗志昂扬，都能创造高业绩，那这家企业就会有利润。

不管是个人还是企业，都要把这个重要的理念装进脑袋。要想提高企业的效率，除了制定清晰的目标、合理的机制以外，还有一项非常重要的工作，就是重新梳理企业的流程。我们接触过无数家企业，尤其是 2017 年，深度参与辅导过 6 家企业，他们都有一个共同的特征，就是流程混乱，工作人员的职责不清晰。很多员工在自己的工作都做得非常不专业的时候，还去指责别人的工作做得不好，经常抱怨别人。

其实，这就是不重视企业流程优化的结果。很多企业领导人没有流程意识。在日常生活中，每项工作具体怎么做也许并不需要流程。但是当形成一个组织，很多人在一起工作的时候，就必须有流程。在企业流程管理中有一个非常重要的理念——输入和输出。要想让企业的效率提高，就要让企业的所有员工都非常清晰地了解，谁向自己输入东西，自己又向谁输出东西。下一章我们将详细介绍流程管理的相关知识。

第八章

企业流程优化

输入与输出管理

流程优化的五个方面

一、输入与输出管理

前面提到，企业流程管理中有一个非常重要的理念，即输入和输出。比如讲师讲课，只管按照自己的方式来讲，学员想听就听，不听拉倒。这种情况就是没有输入，只有输出，效率比较低。如果讲师事先做了调研，了解学员的水平和需求，有针对性地准备课程内容，讲的都是学员的痛点，能帮助学员解决实际问题，那绝大多数学员都会认真听课，且学有所获。这种情况下，输出和输入比较吻合，效率就提高了。

在企业中，每个人都既有输入又有输出。如果一个厨师既要采购食材，又得做饭，那这家餐厅的规模肯定非常小。优秀的厨师不会自己去买菜，而是把自己用菜的标准清晰地告诉别人，让别人去采购、备菜，他只需要动动勺子，把菜炒出来就可以了。然后把菜品输出给传菜工，让传菜工去完成下一个流程。厨师不会自己去买菜，传菜工不能帮助厨师去炒菜，每个人都有自己的分工。大的流程里，如果每一个环节都做得非常好，那么这家企业也将是优秀的。

所以，企业应严格采用岗位中的输入和输出管理。没有输入与输出意识的企业，效率一定是低下的。

二、流程优化的五个方面

我们曾给一家国际贸易公司做过咨询，当时公司有 60 人，年销售额有 1 个亿，他们想把销售额提高到 10 个亿，这不是一件简单的事情。经过调研，我们认为这家公司需要在流程方面进行，提高各个岗位的工作质量。

经过沟通，这家公司最后优化了五个重要的流程，以下重点介绍前三个。

（一）第一个流程：选品流程

选品就是选择产品。要有一整套的市场调研机制，要从客户需求方面去挖掘，找到顾客的潜在需求，然后根据市场需求再决定要卖什么产品。我们把这项重要的工作称为"选品"。

这家公司之前没有选品流程，都是由采购经理直接选品。采购经理是不做销售的，所以采购经理选品的时候，没办法按照市场的需求进行，他只是感觉市场上什么东西好销售，就选什么。在这种情况下，选品的失败率非常高。

上述国际贸易公司，一个产品的销售，从选品、采购、入库到有订单，再到送到客户手中，前后需要半年的时间。如果半年以后发现选的商品没有销量，不但企业的成本被大量地浪费，形成很多库存，这半年的时间也被白白浪费掉了。

也就是说，选品这个环节最大的浪费不是成本，而是时间。如果竞争对手选品选对了，很快就会超过你。在培训界，我遇到过很多优秀的老师，他们一生都没有大的成就，主要原因也是选课选错了。他可能讲了一个市场需求量并不是很大的课题，我们把这叫作人员的浪费。一个员工把大量的时间消耗在没有结果的事情上，就是在浪费精力，企业花在该员工身上的成本，也会形成巨大的浪费。

这家公司的选品失败率几乎是90%，老板盘点了现有的选品，共1500多种。我告诉他，保留两三百种就够了。选品失败率高达90%，就证明80%的品类都应该被淘汰。在流程中，如果选品正确率没有提高，效率就会降低。因为错误的选品会占用时间、人力、资金等成本。如果拼命地干活却错误百出，浪费的还是各种资源和成本。所以我们要让工作可量化。知道什么是正确的，谁在做正确的事，这样，企业的效率就会提升了。

（二）第二个流程：采购流程

选品流程优化以后，接下来就是采购环节。这家公司以前认为自己的采购做得很好，并引以为傲。但是经过了解，我发现他们的采购流程也有问题。采购总监基本上是一头扎到市场里，几天都不露一次面，这样做肯定是有问题的。其实，这就是该公司的第二大问题：一个人放在了错误的位置，干了错误的工作，也会影响效率。

比如采购这个岗位，总共有三件重要的工作要做。

第一件重要工作是开发供应商。

开发供应商这项工作非常重要。但是这家公司把开发供应商这项重要的工作交给了几个"小兵"。大家都知道,开发供应商需要对位。谁来开发?需要什么能力的人来开发?解决这些问题,要对人员有清晰的标准要求。但这家企业没有,只是随便找了几个员工去开发供应商,那开发出的肯定都是小供应商。

这家公司的老板问我,要想业绩增长10倍的核心工作是什么的时候,我告诉他,必须砍掉那些小供应商。就像一家餐厅要想做成大餐厅,就不能到小菜市场去买肉。因为在小菜市场买的肉没有办法保证质量。公司要想发展壮大,就得去寻求更大的供应商。

第二件工作是采购管理。

采购要有效率。有的公司发出采购订单以后,就等供货方送货上门,从来不催单;有些公司甚至从来不做订单管理,对供应商的生产能力一点也不了解,这样的公司肯定效率很低。还有的公司是有了需要才去采购。比如公司需要一批衣架的时候,才去采购衣架,衣架厂说交货需要40天,于是只好等着,这又造成了时间和人员成本的严重浪费。

采购订单的安排,本身就是一项管理工作。很多企业领导人在流程优化的过程中没有这个意识,所以企业效率很低。

第三件工作是物控。

物控也叫物品品质管理。比如衣架采购完了,供应商也如期交货了,结果到仓库一检查,发现衣架全是次品。有的人说遇到次品很容易处理,直接罚款、退货就行了。供货厂家也同意,于是就把货退了回去。但是光退货就行了吗?你公司的销售已经开始工作了,所有的人员、环节都已经开始运转,这时候退货根本解决不了现实问题。

有的供应商企业本身管理水平不高,你不管理他,他就会放松自己;你不盯住他,他就给你供应次品。一旦出现次品,所造成的损失是非常大的。国内贸易还好说,大不了再找几家供应商,基本上十天八天货又来了。但是国际贸易,整个运输期至少就要两个月,如果出问题,两个月就浪费了。在这两个月里,这个品类没有业绩的话,造成的损失会更大。

所以,不管是选品,还是采购、物控环节,如果不进行流程优化,企业的整体效率就会低下。如果能把这些流程都做好,业绩增长 10 倍是完全可以做到的。

(三)第三个流程:营销流程

在营销方面,其实也有三个重要的环节。

第一个重要的环节是开店。

开店分为两种:一种是开实体店,一种是开网店。有的门店业绩在提升,流量在提高;有的门店就没有业绩,甚至占用了大量成本。所以开店的关键要看流量。比如我想开家药店,别人的药店都开在小区门口或闹市区,结果我的药店开在了一个荒无人烟的地方,没有人流量,药店怎么赚钱?

第二个重要的环节是物料准备。

比如"营家"App,首先要有视频、图片、文字等内容。在互联网上卖一个产品的时候,还得写广告词、拍照片、视频,提供产品信息等。

第三个重要的环节是订单管理。

客户购买后要做好订单管理,比如做好发货、物流等环节。

企业的效率要想得到提高,首先内部的管理要提升。高质量的输入和输出在效率提升中是非常重要的。以前采购总是指责销售不好,其实，采购不应该指责销售，而是应该输出好的采购产品。对采购进行输入的应该是选品，对选品进行输入的是市场分析。很多企业，员工的状态都是相互之间完全没有输出和输入。所以部门之间的协调是混乱的，所有时间都消耗在相互抱怨上。

选品、采购、营销，再加上人事、财务构成了企业经营的五个重要流程。这五个流程确定以后，就可以做效率管理，让流程精细化，再之后就可以设计考核了。

总结一下，流程优化的重要目的，就是要把无效的成本去掉，提高沟通的效率。要把沟通过程中消耗心力的动作都去掉，从而上下一心、上下同欲，这样才能达到效率提升的目的。企业效率提升的流程优化思路要从选品、采购、营销、人事和财务入手。主要有两项工作要做：第一，确定流程的起始点；第二，找到关键考核人。

千万不要期待企业的每一个岗位、每一个环节、每一个点都做得非常棒，这种完美主义是不可取的。当然，理想状态是希望每个点都做得足够好，如果做不好，或者在人力资源的条件无法达到这种状态的情况下，就需要引入关键考核人的概念，先把最主要、最核心的环节做好。这就是KPI的原理。

如果一家企业把20%最关键的工作做好了，那么这家企业80%的业绩就可以实现。遵循这个原理，我们把考核的关键要素找出来，再找到要考核的人，将他们与别人的工作做联合计划，从而使企业的整体业绩得以提升。然后，再对这些关键考核人制作考核表，将他们的业绩提升上来。这几项核心工作，共同构成了效率管理。

第九章

企业流程细化

梳理企业流程

找到关键考核人

确定岗位指标

一、梳理企业流程

一个优秀的老板，会给自己的企业制定几个重要的核心目标。我给长松咨询制定的目标有三个方面。

第一，利润目标。我相信大部分的企业，都会制定利润目标。

第二，业绩目标。

第三，人均效率目标。人均效率就是总业绩除以总人数，即平均每一个员工创造的业绩。

除这三个目标之外，企业还可以制定几个和总经理本人有关的指标，如安全经营、关键选品数量、业绩增幅等。

民营企业在发展初期，不适合定太多目标。目标越少，大家行为越聚焦，效率越高，效果越好。

而且，目标少一些，不那么复杂，目的也是让大家永远记住目标，只有记得住的目标才是好目标。如果定了很多目标，大家根本就没有放在心上，那和没有目标没什么区别。

定完目标以后，继续梳理这家企业的流程。前文所述企业的选品、采购、营销三大流程,每个流程又可分为几个环节,每个环节还可以进一步细分为几项具体岗位工作,其间应该有相互输入和输出的关系。如图9-1所示,企业的选品流程中有几个重要环节,第一个是市场调研,第二个是制定品类标准,第三个是选取新产品。采购流程可分为三个主要环节:开发供应商、采购管理和物控。

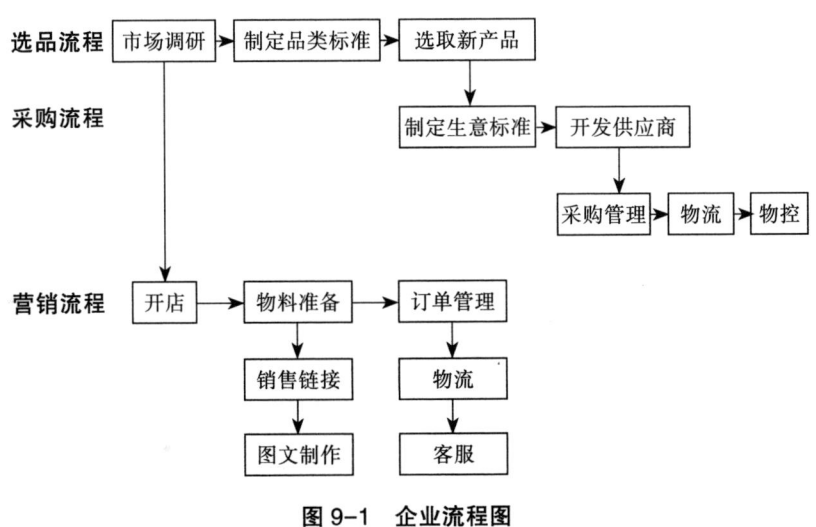

图9-1　企业流程图

在选品和采购流程中,市场调研输出了新品标准,新品标准又向供应商输出了生产标准,生产标准输出了开发供应商的标准,开发供应商的标准输出了采购管理的标准,采购管理标准输出了物流和物控两项标准。它们中间的任何一个环节,都包含输入和输出的过程。

采购流程结束以后,进入第三个重要的流程——营销流程,也就是开始进行销售了。首先要调查一下自己是否适合开店。如果适合,就到达开店环节。开店环节下一项重要的工作是物料准备,也就是构建销售链接,即从广告到订单的链接。在链接中,又有一项工作是图文制作。接下来就进入了订单管理环节,包括物流、客服等。

通过这样的梳理，这家公司的流程马上就清晰了。如果不做这个梳理，就很难发现流程中到底是哪里出了问题，效率就很难得到真正提升。

二、找到关键考核人

我们要把效率理念植入企业经营和个人经营中。梳理了流程，我们再来看一个重要的目标，即企业的目标。企业的目标分为利润目标、业绩目标和人均效率目标。我们得把这些目标分解给各个环节的关键责任人，才能解决企业的问题。

关键责任人即关键考核人，在企业中非常重要。企业要对内部关键考核人做重要的指导和考核。只有这样，企业的整体效率才能够提升。

很多员工不愿意被考核，一说进行考核就认为是企业不信任他们，或者是企业想辞退他们，这完全是对考核的误解。其实考核是企业实现目标和提高效率非常重要的一步，是企业检查效率的重要工具。

企业内部第一个重要的关键考核人，肯定是CEO（见表9-1）。CEO是企业的总操盘手，总操盘手的工作绩效是企业重点要考核的。总操盘手下面还会有很多其他操盘手。比如长松咨询的CEO下边还有三个重要岗位，分别是产品总监、采购总监、运营总监。这四个人作为企业的关键考核人，要接受重点考核。

电商行业的企业，还要多考核一个重要岗位，这个岗位就是店长。门店利润的高低决定了企业利润的高低。虽然店长不属于高层，但是店长的贡献非常大。此外，还有两个重要的考核人：一个是人事负责人，一个是财务负责人。

企业进行考核的时候，绝对不能按照组织机构图，看谁的"官"比较大就去考核谁；而是看谁在公司创造利润和业绩的过程中最为重要，然后对其进行考核。

表 9-1　关键考核人

序号	关键考核人
1	CEO
2	产品总监
3	采购总监
4	运营总监
5	店长
6	人事负责人
7	财务负责人

三、确定岗位指标

（一）选取指标

在企业中，要对三个方面做出考核。

第一，对公司要有考核；

第二，对关键考核人要有考核；

第三，对每一个环节中的重要指标要有考核。

在选取指标时，我一般是倒着选的，就是从下游环节往上找该项工作应该完成哪些关键指标。

如果"营家"App业绩不好，绝对不是哪一个部门做得不好，而是整个流程出了问题。"营家"App有技术设计流程、市场调研的运营流程，以及内容流程。这三个流程，只要有一个环节做得不好，业绩就不会好。互相抱怨解决不了问题。如果把企业流程中每一个环节的指标都找出来，再对员工下达要求，工作就变得简单了。在做考核指标的过程中，我们也是倒着做的。如图9-2所示。

要想提高客服的效率，就得对客服提出要求。做互联网国际贸易的客服，有两个重要的指标：一个是退货处理，一个是邮件管理。因为做国际贸易，不像在国内，打个电话、发个微信就可以解决问题。国际服务问题，很多时候根本就不知道对方的电话，只能发邮件，邮件管理也就显得尤其重要了。

物流有一个非常重要的指标——及时性。图文制作涉及的岗位有市场推广、文案、拍摄、后期制作等，但图文制作要求的指标其实只有一个，就是图文质量高。

销售链接要求的是链接的准确性。开店的重要指标是业绩增长。物控的重要指标是采购次品率。采购的重要指标是定价，就是采购的产品的价格是多少。开发供应商和新品的选取，有一个统一的指标，叫业绩增幅；开发供应商环节还有一个指标，即入库数量和质量。在市场调研阶段，需要提交调查报告，同时以准确性作为考核指标之一。

（二）强化记忆

接下来，我们就要让各岗位的工作人员强化对这些指标的记忆。

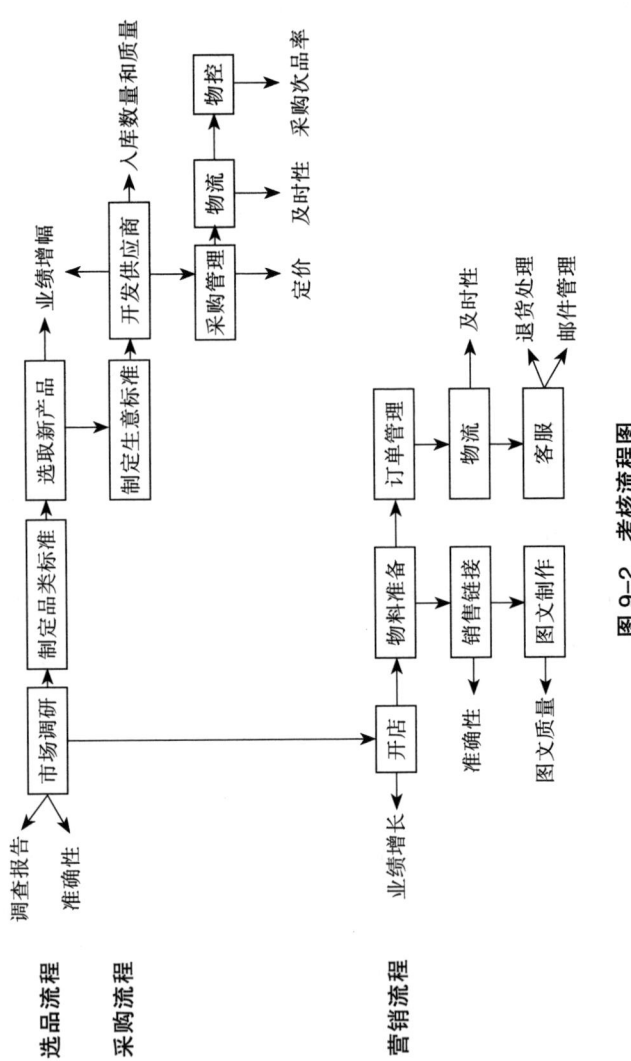

图 9-2 考核流程图

不要求他们做太多的事情，只需要把这些最关键的事情做好就可以了。人的时间和精力是有限的，我们要把有限的时间投入到最关键的事情上去，把精力聚焦在一个点上。

为了提高效率，我们要将每一项工作流程、每一个工作环节清晰化，把多余岗位、多余的人，以及多余的动作全部清理掉，因为它们会占用成本，使企业效率低下。有的企业虽然有业绩，但是成本太高，一核算还是没有利润。不管是一个人还是一个组织，要想提升效率，就要把不该有的成本全部去掉。

我为前文所说的国际贸易公司订立了三个重要的标准：第一，新品标准；第二，采购标准；第三，开店标准。

将这三大标准制定好以后，要接着进行流程梳理。公司目标的制定，岗位的指标设置，找到关键考核人，一个都不能少。这样做了之后，我发现有30%的员工没有用武之地了。第一，他不在这个流程里面；第二，他原来的部门在这个流程里没活儿可干；第三，给他找活儿了，但他本身的能力不够。所以这家公司的60多个人，经过这些标准的筛选后，只剩下42个人。针对留下来的人，要做到关键考核人找到关键指标、非关键考核人找到普通考核指标，然后做出考核表，想好下一步工作具体该如何做，并且通过考核来提高效率。

第十章

考核管理

统一考核目的

考核重要领域

关键考核人考核指标的提取

一、统一考核目的

要让员工为企业做出业绩,就要先统一员工的目标。员工有共同的目标,思想就不容易出差错。

考核就是将那些思想意识无法与企业目标统一的人筛选出局。能力最强的人不一定能做出好的业绩,反而是思想统一、目标统一的群体更容易做出好的业绩。

二、考核重要领域

企业中的考核包含三个领域。

(一)企业目标考核

所有岗位,都要围绕企业目标进行设置。任何与企业发展不统一的目标都要清除。企业定的目标多出一个，企业的效率就会低一分。企业制定了目标，接着就要制定关键考核人目标，即将企业的目标分解到各个重要岗位上。

我们把企业的目标分为 A 和 B 两部分。A 部分包括利润、业绩和人均效率。为什么要考核这三点？因为它们操作非常简单，容易让员工理解，好量化。

还可以增加几个考核点，比如增加新品增长率、市场排名，有的企业把市值也算上。这里就不再一一详细讲解了，我只是想告诉大家，这些指标都比较简单有效。企业效率是否提高，要看人均效率。人均效率就是用总业绩除以总人数。要提高人均效率，在业绩固定不变的情况下，可以减少人数；在业绩升高的时候，适当增加人数。

企业的目标 B 部分，多指关于 CEO 的个人指标。比如安全经营是 CEO 的指标之一。有的企业员工为了个人利益泄露企业机密信息，损害了企业的利益。所以安全经营这个指标就很重要。人才编制达标也是 CEO 的个人指标，对 CEO 不能只要求业绩提升，也要求人才复制。除此之外，还要求达到系统建设指标等。

（二）关键考核人考核

很多企业在考核方面容易犯几个错误。

第一个错误是没有考核。

第二个错误是所有人都考核，考核的指标也很多，搞成了形式主义。

第三个错误是考核的指标不精准，这是最大的错误。比如，如果要考核我，就应该考核我有没有把课讲好。但是人力资源部却考核我制作 App 的技术好不好，这就是考核指标不精准。

第四个错误是考核指标是虚的，就是指标的实际意义不大。

第五个错误是考核的环节不对。比如用产品总监的业务指标去考核采购总监。

第六个错误是考核表出现问题。

要避免这些错误，首先要分清关键考核人和普通考核人。

企业要想提升业绩，首先必须对几个重要的关键岗位提出清晰的考核目标。比如长松咨询要做季度考核，所有的子公司总经理、总裁都要接受考核。我作为董事长，同样要接受考核。

正如前文所说，企业的关键考核人一般有7个，除去人事、财务，其余5人的组织关系如图10-1所示。

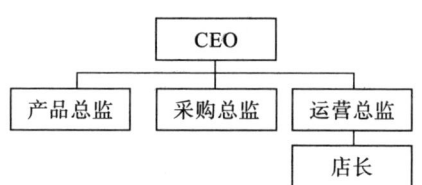

图 10-1　组织结构图

CEO下面分别是产品总监、采购总监、运营总监，运营总监下面有一个岗位叫店长。企业需要重点考核这7个人。另外，要确定精准的考核指标。

（三）每个环节中的重要考核指标

对关键考核人的考核流程中，有一个专业名词是"流程里程碑"。那么多关键流程环节，每个环节都要有1~2个重要考核指标，即每一个环节都要有流程里程碑。

结合图 9-2，流程里程碑大概有退货处理、邮件管理、物流及时、图文质量、链接准确性、开店的业绩增幅、采购次品率和定价、供应商入库数量及质量、新品选择和开发供应商对业绩增幅的影响，以及市场调研报告的准确性。要重点考核这些指标。

另外，对同一个人的考核指标不宜过多。我的建议是 CEO 的考核有 6 个指标就可以了。长松咨询的几个总裁在季度考核的时候，每人只考核 3 个指标，非常简单。

三、关键考核人考核指标的提取

（一）CEO 重要考核指标的提取

对 CEO 的考核有 6 个指标，分别是利润、总销售额、人均效率、安全经营、人才编制、系统建设。事实上，企业对外公布的时候，只公布总销售额、安全经营、人才编制这 3 个指标的考核结果就可以了。

（二）产品总监重要考核指标的提取

产品总监的考核指标有 3 个。

第一个是市场调研，即按月度做出市场新品的分析。这个指标很重要，因为如果不做市场调研，企业就不知道要卖什么。

第二个是新品立项，要求立项产品对业绩增幅要有贡献。有的新品虽然立项了，但总业绩没有提升，这个立项就是失败的。

第三个是产品标准的制定。每次新品立项,都要为这个立项制定一个产品标准。

当然,这三个指标不好做。很多企业,很多时候并没有按照这三个指标去做。比如有些企业的业绩增幅达到200%的时候,他们就很满意,不太重视第二个指标了。

(三)采购总监重要考核指标的提取

采购总监的考核指标也有3个。

第一个是开发供应商,就是建立供应商资料库。很多企业买东西太随意,没有供应商的资料库,对供应商没有做背景调研,这就很容易出现大问题,甚至有的采购员还会收回扣。

第二个是采购。建好供应商资料库以后,采购就变得比较轻松了,重要指标是产品的定价。

第三个是物控,主要是降低次品率,严格把控次品率。

(四)运营总监重要考核指标的提取

有些企业的运营总监,其职责本质上是偏营销的。运营总监的重要考核指标分别是:

第一,单店业绩。

第二,链接管理。在链接管理中,我们着重考核的是链接的质量。链接的质量包含图片的质量和文字描述的质量。

第三,业绩管理,即开店的业绩增幅。

（五）店长重要考核指标的提取

针对店长的考核指标也有 3 个，即门店业绩、利润率、库存率。其中，考核库存率是防止为了提高利润而大规模采购的行为。

（六）HR 重要考核指标的提取

要想业绩重构，必须树立一个非常重要的理念，那就是 HR 要从成本中心走向利润中心。现在很多 HR 的工作重心不对。招聘、培训、劳务，这些都是 HR 的基本工作。要让人力资源部门变成利润中心，就要思考新年度的人力业绩增长率。优秀的人力资源从业者的重大价值体现在哪里？就是要思考用什么办法可以增长员工的业绩，如何提高员工的业绩增幅。不能仅是把人招来就可以了，而要招到更优质的员工。

（七）财务重要考核指标的提取

财务以前也是成本中心，这个岗位的主要工作是处理账务、税务，以及现金管理、成本核算等。现在要求财务走向资金投入效率管理。

总结一下，对于一家企业来说，HR 和财务就是 CEO 的左膀右臂。CEO 的下面有产品总监、采购总监、运营总监，运营总监下面是门店店长。门店店长的核心指标就是业绩，运营总监的核心指标是流量加业绩，采购总监的核心指标是定价，产品总监的核心指标是业绩的增幅，CEO 的核心指标是利润，HR 的核心指标是人力增长效率，财务的核心指标是资金增长效率。

企业考核什么，员工就关注什么，比如考核的是效率，员工就会提高效率。企业考核指标比较保守，员工做事就跟着保守；企业考核指标精准，员工做事情的效率就会提高；企业考核是走形式，员工就会造假；企业不考核，员工就会欺骗老板。所以，企业考核是员工行事的风向标，对考核进行科学合理的管理，是提升企业业绩的保障之一。

第四篇

团队重构

第十一章

合伙人构建

合伙人制度
常见的合伙人模式

第十一章 ‖合伙人构建‖

一、合伙人制度

要想提升业绩，有很多重要的方法，比如前面讲到的目标管理、流程设计、效率管理等。业绩重构，不是一个人去做的，而是要组建团队的。我们需要组建多个团队，比如销售团队、招聘团队、一系列结构化经营团队等。

但是企业要想真正做大做强，还要引入一个非常重要的概念——合伙人制度。如何招聘到和我们水平差不多，甚至比我们水平还要更高、更专业的人呢？有的企业规模比较小，一年也就几千万元的业绩，它们有一个共同特征，那就是老板的水平最高，财务、人事、营销人员等，相比老板，能力都弱了很多。这样的企业，老板独大，员工会很忠诚，很会干活，但不会策划。所以这样的企业很难将业务做大。

有的老板认识到了这种局面，就想找优秀的人才加入公司。长松咨询如果只有我一个人讲课，那公司一年可能也就是几千万元的销售额。要想公司做得更大，就要想办法整合更多的人。现在长松咨询有讲家庭教育的、讲招商的、讲财务的、讲阿米巴的，还有讲团队的，大大小小的项目有十来个。大家加起来，公司的业绩就很高了。

以前我满脑子都是想着怎么提升业绩。但一个人的时间和精力是有限的，后来我采用合伙人的形式，把大家的时间都整合在一起了。如果十个人去做一件事情，那每人只消耗了 1/10 的时间，就能产生很大的能量。所以合伙人制度，能帮助老板节省时间和精力。一个优秀的经营者，要懂得如何节省自己的时间，用自己有限的时间创造出最高的价值。

合伙企业可以分为两类：有限合伙企业和普通合伙企业。有限合伙企业的合伙人一般有两种：第一种是有钱的人，即出资人，这种人叫"LP"（有限合伙人）；第二种是有能力的人，这种人叫"GP"（普通合伙人）。有限合伙企业中的 GP 有能力，LP 有钱，也就是典型的"你出钱，我出力"，然后双方按约定的比例分配利润。

普通合伙企业由两个以上的 GP 构成，合伙人对企业债务承担无限连带责任。

从哪里找合伙人？主要可考虑三个来源。

第一，领域中的专家。

比如你是做服装设计的，衣服设计得特别棒，但做鞋、包等不专业。客户去商铺买完衣服，可能还会找能搭配的鞋、包、帽子等。那你就可以找专门做鞋子、包的人来合伙经营，这些合伙人是相关领域中的专家。

第二，管理专家。

有些人懂技术，但是不懂管理。企业的管理工作，需要让懂管理的人去做。比如，我只懂技术，招聘来的人我没办法进行培训管理，干脆就找管理方面的专家来做培训管理。

第三，资源专家。

一个北京人跑到云南开展业务，但是他对云南人生地不熟，要关系没关系，要资源没有源。怎么办呢？他需要在云南找合伙人。创造的利润双方五五分成，那也比自己一个人没有任何资源、启动不了业务强。

二、常见的合伙人模式

在业绩重构过程中有一个非常重要的模块，就是找准合伙人的合伙模式。找到了合伙人，一般可以通过以下 8 种形式展开合作。

（一）SBU 合伙人

SBU 是 strategic business unit 的缩写，即战略业务单元。SBU 最早起源于美国，和日本的阿米巴模式有点接近。我们把 SBU 叫作"单元利润组织"，它可以创造利润，相当于一个小的经营组织。但阿米巴经营模式中的各阿米巴没有做出利润，当然它们也可以模拟成一个个利润中心，但一般只用于内部核算，对外还是以公司经营为主导。

比如，长松咨询如果用阿米巴模式，成本就要分开进行核算，但对外结算的时候还是以长松咨询为整体。如果长松咨询做 SBU，一个项目就是一个 SBU，每个 SBU 可以单独出去做业务。这就是两者的最大区别，但两者的逻辑体系是一样的，就是把大公司拆分成小公司，把大组织拆分成小组织。

组织一大，往往人就变懒了；组织越大，内部的人越懒。所以一定要想办法将大组织分解成多个小组织。小组织里有一个重要的岗位是班组长。主管、店长、班长、组长等人，都可以被称作"班组长"。在中国，班组长不容易引起企业的重视，老板会认为这个岗位没有经理、总监、副总、老总重要，但在日本、美国，班组长这个角色非常重要，因为企业中直接创造利润的岗位往往就是班组长。SBU 的重心是激活和打造主管。如果一家企业的主管级人员都非常强大，那这家企业就会从上到下都强大。

中国的民营企业要做业绩重构，就要把一个大型的组织拆分成一个个小组织。这些小组织，由其负责人，也就是主管级或 SBU 的负责人来进行全面激活。在实施 SBU 计划的过程中，有两点要注意：

第一，组织利益如何划分；

第二，如何做核算。

这是两个非常重要的要素，既是 SBU 经营的要素，也是阿米巴经营的要素。

1. 日航的 SBU 应用

日本航空公司多年来连年亏损。在公司要宣布破产重建的时候，有人找到了稻盛和夫，聘请他为日航的董事长。稻盛和夫当时快 80 岁了，对于他来说，当时他接管日航，参与日航的经营管理，压力很大。

组织一大，责任的界定就很难。稻盛和夫坚信，将大组织化成小组织，小组织会激活每一个组织成员的利益，从而让他们关注小组织的目标。他当时去日航，只带了两个人，一个是做组织划分的主管，另一个是做核算的主管。他们三个人主要的工作是做培训，教日航员工如何做小组织经营。

原来的日航分三拨人：第一拨人是飞行员，第二拨人是空乘人员，第三拨人是地勤和票务。这三拨人归三个大组织管理，飞行员归飞行机队管理，空乘人员归客服服务中心管理，地勤和票务归后勤物业公司管理，没有共同的领导。所以一架飞机是由三个主体来管理和控制的，其结果就是谁也不承担责任，谁也不创造利润，所有人只把自己的工作做到60分就够了，没有人愿意为日航这个整体负责。

为了改变日航的现状，稻盛和夫也下了一番功夫。

第一，改变员工心态。

稻盛和夫首先让日航工作人员在心态上发生改变，让大家把六分的工作做到十分。这不仅仅是赢利和亏损的问题，也是每一个员工的时间生命问题。稻盛和夫有一个非常重要的经营哲学：一个人工作不仅是为了挣钱，还要把工作当成追求，把工作当成生命中的组成部分。所以稻盛和夫鼓励大家要热爱工作，打扫卫生要干净一点，空乘服务要做到位。因为你给别人带来快乐，你自己也快乐了。

第二，重新进行组织划分。

稻盛和夫做的第二件事情，就是重新进行组织划分。他以一架飞机为一个组织，把地勤、飞行员和空乘人员划到一个组织里去。一次航班往返，要核算出赚了多少钱。以前都是进行大核算，就是日航总共有多少架飞机，飞了多少次航班，总共耗费了多少油，投入了多少成本。现在，他让每一个架次的航班单独做这些核算，把一架飞机的票务、地勤、机组人员作为一个考核组织，告诉他们每飞一个航段，都会核算出利润，这个利润将会影响他们的奖金、股权、晋升等的积分。有利润了要奖励，亏损了就要处罚。亏得狠了，就会影响晋升。

第三项，核算成本。

任何没有贡献的成本，都是没有意义的，是浪费的。

日航对每一项工作都核算成本，然后把无效的工作全部砍掉。稻盛和夫是一个很英明的领导人，在14个月内就让日航扭亏为盈了。当然日航员工也经历了从物质收入的增加到精神收入的增加，收获了双重幸福。稻盛和夫也把阿米巴经营的理念，传遍了全球。

在中国推行SBU，做得特别好的公司是海尔。海尔公司最早形成的逻辑理念叫"人单合一"。所谓人单合一，就是每个员工都要直接面对用户，创造用户价值。并在为用户创造价值的过程中实现自己的价值分享。其本质是，"我的用户我创造，我的增值我分享"，员工有权根据市场的变化自主决策，有权根据为用户创造的价值决定收入。也就是说，每一个人都可以做自己的CEO。后来海尔又实现了企业平台化、员工创客化，让员工从被动的命令执行者转变为平台上的自驱动创行者。

2. 长松的SBU合伙人应用

2017年，长松开始实施SBU。我们实施SBU的第一家公司，叫长松阿米巴。长松阿米巴在广州开课，一晚上的销售额是1176万元。上一次开课销售额大概是900万元，一个多月的时间，创造了2000多万元的业绩。

公司的合伙人是李哲贤博士。李博士有丰富的管理经验和资本运营经验。长松有强大的平台、强大的组织体系，我们和李博士合作，有三个重要的目的：

第一，推广阿米巴的理念和SBU的理念；

第二，研发一套商业模式，主要做企业的系统扶持，特别是帮助、扶持那些又大又不赚钱的公司。

第三，为将来并购、上市做准备。

在我们的合作中，一共有三类重要的股东，分别为A、B、C。A

就是长松咨询,B 就是李博士,C 就是出资人。我当时选了 10 个投资人。长松阿米巴就是长松咨询加上李博士,再加上 10 个投资人,共同构成的合伙人平台。

经过谈判,由长松咨询出资 41%,李博士出资 51%,投资人团队出资 8%。长松咨询不控股,因为我们今后的目标是要建立 40 个左右的 SBU,只要有投资的机会,我们就会进入。

长松咨询投资 41 万元,李博士投资 51 万元,剩下 8% 的股份共投资 160 万元。按道理来讲,如果注册资本 100 万元,10 个投资人应该一共投 8 万元就可以了,这 152 万元叫作"溢价"。溢价就是资本公积,直接变成公司的可支配收入。我选择的这些人的投资是有溢价的,他们的股份比例小,但是投资额高,因为我们背后有强大的资源。

长松阿米巴由李博士做法人代表,长松咨询派一名董事,投资人派一名董事。SBU 合伙制有一个非常重要的理念,就是用钞票投票,即只要有 10 个人投资,那我就投资。所以我在投资公司的时候,原则上就要找 10 个投资人。这 10 个人对某个项目投资,我就跟着投;他们不投我也不投。

这 10 个投资人占的股权一般小于 20%,但可以溢价。溢价比例大概是 5~20 倍。长松阿米巴选择的是溢价 20 倍,8% 的股份 20 倍的溢价就是 160 万元。

用这种方式,长松阿米巴已经参股了三家公司。我们参股和别人的方式不一样,我们是用智力参股。我们给别人做咨询,能拿到 3%~5% 的股份。经过评估,长松阿米巴的参股目前大概是 8000 万元人民币的市值,并且我们还创造了 2000 万元的业绩。也就是这家注册 100 万元的公司,在很短的时间内创造了近一个亿的市值。这光靠某一个人肯定是做不到的。

一个优秀的企业家要明白，企业一定要有整合优秀人才的思想。不能光想着靠某一名员工，那样业绩是做不起来的。要始终想着更高的高手在哪里。

应该用什么样的机制和理念，把这些优秀资源整合起来？这是考验一个企业家格局的重要指标。要想整合优秀的人力资源，光靠招聘不行。导入合伙人制度，也不可能把所有人都放到总部给股权，因为那样股权会被不断地稀释。最好的办法就是宁愿不要控股权，也要和专家成立关联公司，通过这种机制把人才整合在一起。

所以我不但和李博士建立了 SBU 公司，还准备整合更多的管理人才，把营销、财务、组织系统，都做成 SBU 形式的公司。可以说，SBU 的引入，对业绩的爆发起着非常重要的作用。

3. 做 SBU 的流程

下面介绍一下做 SBU 的流程。

第一，要谈判。

海尔实施 SBU 以后，开始内部创业，前后总共成立 200 多家创业公司。有 70% 的公司已经进行两轮融资，其中有 40 多家公司市值超过 1 亿元人民币。在海尔内部，谁有想法都可以通过谈判的形式表达，让公司为其投钱，提供专业的支撑，帮助注册商标，帮助培训人才等。

海尔从过去的电冰箱、洗衣机生产商，逐步过渡到了今天的智能家居制造商。做智能家居，光靠几个老工程师肯定不行，需要大量的年轻人来做研发。光有一个研发中心也不行，海尔内部有很多创业平台。

第二，用钞票投票。

要启动用钞票投票的原则，至少吸引 10 个内部投资人。这 10 个人中，愿意出资的人不能少于 8 个人，并且投入的必须是真金白银。内部投资形成投资平台以后，有三个好处：

（1）在注册资本没有变多的情况下，公司的资金变多了。

（2）出资人会关注这件事情，并提供支持。比如长松阿米巴，我选择的 10 个投资人都是总经理级别的，他们会直接或者间接地关注这个项目。

（3）能很快识别出这个项目到底是不是一个好项目。

选择投资人的时候，最好从营销、生产、采购、市场、客服等各个维度的人才中进行选择。因为这些人更了解市场，他们的声音代表了市场的需求。我们投资的项目是当下项目，不是未来项目。当下项目做得好不好，一线市场的人最有发言权。

第三，谈对赌。

通常 SBU 形成的三方股东是，母公司、合伙人、投资人。有的合伙人有钱，比如李博士有钱，他就直接出资了。有的合伙人没钱，但他有能力，那就可以出台一个对赌机制，就是由公司和投资人进行投资——一般公司要出资 80%，投资人出资 20%，并且要有一定的溢价，跟合伙人对赌。

对赌的指标：业绩、利润及增长率、管理的满意度、绩效考核。对赌一般最短的时间是两年，最长的时间是五年，如果完成对赌目标，那么合伙人就可以拿到公司的注册股。

第四，谈溢价。

针对投资人的股权比例，可以分为溢价和不溢价两种模式。

如果这家新公司经营的完全是陌生项目，不需要现有公司的资源就可以独自经营，特别当它是重投资的时候，一般不溢价。什么情况下溢价呢？SBU 借助了公司现有的资源，有现成的客户，只需要把产品设计好，立刻就能产生较好的效益与回报，我们把这种企业叫作有精算的企业。在开创SBU的过程中，必须精算好它的利润结构、商业模型，这类项目可以溢价。没有精算的企业是在试错，有可能走向死亡，一般就不溢价。

针对有限合伙企业是否溢价，我个人的态度是在陌生领域中不溢价；在成熟、利润可期待的前提下，可以溢价。

第五，谈控股。

腾讯通过QQ积累了大量的用户资源，所以它想做什么成功率都比较高，也很容易将一些小创业公司打垮。曾经有一段时间，人们对腾讯的意见非常大，有人评价腾讯把整个互联网搞得百草不生。腾讯面对这样的质疑，做出了战略调整。以前腾讯喜欢模仿别人，现在是别人做好后，腾讯直接收购或者投资参股。假如别的公司做的腾讯都做，别的公司都死了，这个行业的生态链就没有了。参股投资，能让互联网行业百花齐放。所以腾讯入股了京东、新美大等很多创业型公司。

阿里巴巴是控股制。蚂蚁金服、网商银行、支付宝、天猫、淘宝，都是阿里巴巴控股的。腾讯和阿里巴巴这两家公司和其他公司的关系，一个是弱关系，一个是强关系。

所以，参与SBU合伙项目，是否控股完全取决于项目的历史背景及与合伙人关系的强弱。

第六，签订行为人一致书。

上面提到A、B、C三类股东，持有8%股票的C类投资合伙人，要和法定代表人签订行为人一致书。也就是举手表决的时候，最好由少数人来做决策。一家公司如果没有实际决策人，这家公司的股票是卖不出去的。因为大家不知道谁在控制这家公司，谁该为这家公司承担责任，这就会对这只股票没有信心。

长松阿米巴的股权比例是 41∶51∶8，这其实算是比较分散的。所以我们不仅要签订行为人一致书，还要签订战略统一的一致书。

4. SBU 成功的条件

SBU 成立时，难免会有人质疑。有的人认为前景非常好，有的人则持悲观态度。但是不管怎么样，这个项目正在做，并且已经创造了价值，这就说明做 SBU 是有潜力可挖掘的。

SBU 成立以后，母公司要对其提供大量的支持。第一个就是提供流量支持，即给 SBU 输送客户，让它快速成长。第二个是财务上的支持，做到精算统一，要让干活的人有安全感。第三个是在系统建设上打好基础，特别是效率成本管理的系统建设。以前老板管一家公司，花的每一笔钱他都知道，但是现在 SBU 多了，如果没有强大的财务系统做支撑，无效的成本就会逐步增多，有可能一家赚钱的公司会变成亏损的公司。

我参观了日本丰田公司，对我的冲击很大。丰田每年有 2 兆亿日元的利润，它的十大管理理念中有一条叫"每日改善"。就是每天部门的人要一起开会，讨论一下当天有没有可以改善的工作。丰田的员工没有一分钟是闲着的，公司的流程把每个人的每个动作都进行了改造。其中有一个细节，是在安装螺丝的时候，员工要弯腰去拿盒里面的螺丝，他们把弯腰占用的时间成本计算出来，设计成机器自动将螺丝放置在员工手边，员工只需要伸手去拿就可以了，这样能节省 4/5 的时间。他们对每一项工作都进行了有效的改善，并且把每一个小组织的问题全部公开化，用集体的智慧来解决。

（二）工作环节合伙人

合伙人是一个利益共享的群体。合伙人制度和聘用制有很大的不同。聘用关系是公司付薪水，受聘人干活，因此只有极少数心态较好的人认为是为自己工作，大部分人都认为是为公司工作，他们的心态大都是既想付出少又想收入高。所以如果岗位考核不清晰，工作的过程中就会有很多人达不到最佳状态。我们这里引进合伙人的理念，叫工作环节合伙人。企业以前所有的工作环节都由自己的员工做，现在把一部分拿出来，交给工作环节合伙人来做。

以前，百货公司的员工都由公司统一招聘，统一管理。很多公司不赚钱甚至破产，原因就是员工都没有达到十分的工作状态，可能只有六七分，甚至更低。这种工作状态导致流失了大量的客户。

淘宝网将无数开店的个人变成了它的合伙人，这种管理模式叫作失控模式。也就是经营环节本来有多个步骤，我将其中的一两步交给了我可能从来都没有见过的人——我的工作环节合伙人。

失控模式由凯文·凯利在《失控》这本书中提出。很多商家都认为，未来的商业模式——失控模式会战胜可控模式。京东以前都是自己进货自己卖，现在不再这样做了，而是向第三方商家开放平台。京东由自己独家经营逐步进化到了合伙人模式。淘宝、天猫、亚马逊、易贝等都引进了合伙人制度，让合伙人在自己的平台上独立开店，卖得好不好，完全由市场来控制。这种方式比百货公司招聘大量雇员带来的效益要明显。作为淘宝、天猫的店主，你肯定会24小时紧盯订单，因为那是你的生计收入。

我在美国开的公司，也在亚马逊上卖商品。想把东西卖出去，必须对几个关键环节把关好。

第一个环节：品类策划。品类策划属于前期准备工作。在商品上市前，先要做市场调研，对客户进行分析，然后确定产品。

第二个环节：开发供应商。

第三个环节：采购。

第四个环节：物流。我们的商品都是在国内生产的，然后运到美国销售。一般是一部分运到美国的亚马逊物流仓库，另一部分运到公司在美国的仓库。

第五个环节：开店。目前我们在美国总共开了 12 家店。

第六个环节：销售。开店的下一个工作环节就是打单销售，这里还包含很多服务的细节。

第七个环节：服务。打单完成后的工作就是服务，服务包含了快递、退货、沟通、使用说明等。

总结一下，一次销售至少需要经过 6~7 个人的努力。当然我一个人也可以把这些都做完，但是如果想规范化，至少需要 7 个人去做。最重要的是，现在市场上找一个各方面都合适的人非常难。很多公司其实都不赚钱，再加上各种费用的成本也很高，老板压力很大。所以，招聘制和合伙人制相比，我更喜欢合伙人制。因为合伙人关注的不是保险，不是赔偿，而是利润。

以上 7 个环节是传统销售的必经环节。如果是互联网销售，则还有一个运营环节。

第八个环节：运营。在互联网上卖东西的人多如牛毛，在美国搞互联网运营的人更多。我把美国公司的流程做了调整，选择新品、开发供应商、采购、物流、服务等都由我们来做，但经营这个环节，外包给合作伙伴。我把这项重要的工作交给了比我们更为专业的团队。

未来社会，每一个行业都可以整合合伙人。由于工作量还是比较大，我就想把选择新品和开发供应商这两个环节也让合伙人去做。现在专有一批人为我找产品，这批人不是我的员工，而是我的合伙人。我只需要控制物流、管理、订单、服务和财务的精算就可以了。世界上的"牛人"很多，牛人最大的特点就是不喜欢被别人管。用合伙人机制把他们整合到一起，形成利益共同体就可以了。

所以，我的门店现在主要有四项重要的工作：第一是采购，第二是物流与平台的建设，第三是营销，第四是精算与管理。我们把运营和选品这两个环节开放，因为这两个岗位对业绩影响最大，岗位的人数也最多，并且成本也最高。我核算过，如果一个门店从头到尾做下来有100元的利润，这两类岗位成本应该分26元。目前有一些公司实行内部创业机制，其本质就是由雇员制变成合伙人制。

优秀的合伙人有以下几个特征：

第一，能使劳动力成本下降。

以前我们总是希望招的人越多越好，如果公司有几万人，觉得那是非常值得骄傲和炫耀的事情。但现在大家看重的不是企业的人数，而是人均产出。

第二，整合大量的弱关系。

人与人之间的关系分为强关系和弱关系。夫妻之间是强关系，朋友之间是弱关系，因为朋友之间不能互相干涉对方。

合伙人不是企业的员工，但是他们都依附于企业这个平台，直接让企业的劳动力成本大幅度下降。合伙人制度通过某种简单的利润关系、结算关系，把合伙人的利益捆绑在一起。

第三，工作环节创业。

合伙人与员工有一个最大的不同点就是，员工要执行老板的每一个指令，老板让干什么就必须干什么；合伙人最大的特征是，可以有自己的思想。比如长松阿米巴的李博士,他可以自己设计产品。合伙人公司的很多决策往往不是董事会做的,而是通过所有有思想的人的头脑风暴产生的。

稻盛和夫曾在一次会议上和高管们说:"现有的员工都是有能力的,为什么他们没有创造利润?因为他们的追求没有科学地树立起来,他们的组织利益没有划分清楚,他们的意愿和潜力没有被充分地开发。"也就是说,每个员工都有解决问题的能力,但企业的机制设定,没有给他们解决问题的机会,也没有给他们这个权利。

第四,不容易被竞争对手挖墙脚。

企业和聘用制的员工进行利益核算,都以工资和提成的形式来体现。聘用制员工在一家企业工作几年以后,就要考虑自己的出路问题。

我今年准备再建立一个OPP专家合伙人内部创业制度。因为OPP讲师很容易被别人挖墙脚。我们公司有一位OPP讲师跟我谈心,说已经有四家公司给他打电话要面谈了。他跟我说:"贾老师,我很困惑,我的生涯规划到底是什么样的?"我说:"你的职业生涯规划有两种,一是可以讲大型公开课,另一个是当子公司老总。"但是他的年收入已经超过200万元了,讲大型公开课一年挣不了200万元,在长松咨询,他也当不了子公司老总。也就是说,在长松咨询,他的职业生涯规划没有路了。

所以这个时候,我就想到了让他在长松咨询内部创业。我给他投资,让他做工作环节合伙人。他营销做得好,就让他专门做营销这个环节。我支持他到全国各地去建设自己的团队,这样就不怕他被别人挖墙脚了。

工作环节合伙人制度最难的是结算。用什么样的价格和对方进行结算,相应地,对方要承担什么样的责任?把这个问题弄清楚了,工作环节合伙人制度就不难推行了。

（三）关键营销环节合伙人

1. 发动引擎岗位

提到营销，不得不提"引擎"这个词。营销是管理的引擎岗位，也就是"营销治百病，营销遮百丑"。如果企业的管理做得非常棒，但营销做得很烂，那这家企业也是没有出路的。

我给一家企业做了一套机制，帮助他们进行新品研发，然后做采购—定制—运输—销售—服务的流程。我刚到这家企业的时候，老板给我报了一大堆招聘计划，我直接打断他，问他知不知道引擎岗位。他说不知道。我说，这个流程里是由哪个岗位来拉动主要业绩的，哪个岗位就是引擎岗位。

很多老板招人的时候头脑是混乱的。一家企业要想获得高利润，首先要明白是由哪个岗位来拉业绩。经过我的分析，他明白了"火车头"是他们的店长。其实店长就是销售主管，我把他定义为班组长。我建议这个老板，一年内想办法激活店长这个岗位，培养20个优秀的门店店长，业绩就会稳步上升。

企业老板在公司做具体事情的时间，我个人觉得不应该超过3个月。老板绝对不能将大把的时间投入到具体业务中，投入到具体业务中的老板，就需要发动引擎岗位。

我在设计长松咨询的架构时，设计了几个引擎岗位。

第一个是OPP讲师，这个岗位要找到合伙人。

第二个是直营公司的总经理。目前，长松咨询有23家直营子公司，再加上20多个代理商，"直总"这个引擎岗位也很重要。

第三个是销售主管。销售主管是公司要重点培养的岗位，因为它属于典型的引擎岗位。它质量越低，团队越强大不了，公司就没有业绩。培训界潮起潮落，时刻都在变化。为什么有很多公司快速地消亡了？非常简单，有些老板克扣销售主管的工资，降低他们的提成。我每年都会早早地出台春节奖励计划，其实主要目的就是奖励销售主管。

2. 沟通线

营销学里有一个非常重要的词，叫沟通线。在学习沟通流程之前，必须先设计好沟通线。

和老婆沟通效果最佳的人是老公吗？多半不是，一般是丈母娘。男人跟老婆讲道理从来都是讲不清的。我跟我老婆一讲道理，她就说："你是个老师，又给我上课了。"我前面跟她沟通了那么长时间，她根本就没听。这个时候，我只能把丈母娘搬出来。我想改变老婆的行为，全部是通过丈母娘来实现的。因为我和老婆沟通的效果，没有我丈母娘和她沟通效果好，这就叫沟通线。

其实任何一个岗位都有一条沟通线，也叫说服线。老板听谁的？他会听专家的，听律师事务所、会计师事务所的。只要律所说他这件事不解决早晚要出法律问题，他马上就会去解决。同样的话，如果是业务员说就不会有用。

总的来说，要搞好营销，先要弄清楚沟通线，沟通线弄清楚了，做业务就轻松了。

（四）专家合伙人

前面说过，我和李哲贤博士合作，目标之一是研发一套为企业做系统抉择的商业模式。对企业做系统扶持，主要就是三点：第一是管理扶持，也叫经营管理扶持；第二是人才扶持；第三是基金扶持。

如果一家企业没钱、没人、没管理系统，那它是很难成功的。但这三个方面中，最容易解决的其实是钱的问题，管理也可以借鉴、学习。所以最重要的，还是人才。

我做了一个人才共享计划。企业要想做大，有两个指标非常重要：一是组织划分，二是选领导人。组织划分，就是把不合理的组织做得更加合理。没有领导人，就要有人才共享计划。

企业的组织划分，有三个重要动作。

第一个动作，拆墙。打掉成本高的、不赢利的流程、环节，甚至业务。

第二个动作，移位。拆墙后流程仍然不合理怎么办？那就把位置挪挪。今年我已经将四家公司的四个岗位挪走了。我将其中一家印染公司的技术部挪到了营销部。因为这家公司在做营销时，首先要给客户出样品。就出样品这件事，营销部要到技术部去一趟，技术部说做不了主，得生产总监签字才给出样品。于是营销部又找生产总监签字，再去打样品。结果还没打完就下班了，只能等着第二天再打。这一件小事就把营销部折腾得够呛。于是我把技术部直接挪到了营销部，技术部为营销部服务。这样，效率就提升了。

第三个动作，端对端。从理论上来讲，"营家" App 这个小组织里的任何一个员工可以直接去找另外一个员工解决工作上的事，不会受到其他人的影响。这就是端对端管理。

未来是一个人才共享的时代。公司要进行经营管理、系统扶持，没有人才肯定不行。长松咨询的辅导师，加上长松阿米巴的辅导师，总共才50来个人，现在我们一个月的咨询单是20个，人才根本不够用，还需要再招 30 个咨询师、20 个内训师。

我们的人才共享库里包含两类人才：一类是行业专家，另一类是管理人才。我免费给这些人才进行培训。我核算了一下，一个人的培训成本约 20 万元。培训完以后，哪家上市公司需要系统扶持时候，派他们去就可以了。这就是我做人才共享计划的原因。

我把专家做成 SBU，即进行独立核算的单元利润组织。在长松咨询里，我贾长松就是一个 SBU。我还要发展第二个、第三个，以及更多的 SBU，吸引更多的专家到我们平台上。我将 SBU 的专家分为以下几类：国际顶级专家、国际专家、国内顶级专家、内部培养专家。

1. 国际顶级专家

SBU 有专利的国际顶级专家可以拿 65% 的分红，管理团队拿 15% 的分红，公司只留 20% 利润就可以了。

2. 国际专家

对国际专家，我们给出的利润分红标准是 50%。

3. 国内顶级专家

我用整合国内顶级专家的办法，解决了一家公司上市的问题。这家企业没有人才，要从各省机械工业研究院挖一些顶级专家。挖来的专家只需要出技术就行，项目完成后可以分红 35%~50%。

4. 内部培养专家

对这类专家，我们给的分红是 15%~35%。

（五）项目管理合伙人

企业的投资人、经营者、合伙人选择得正确，企业老板就会特别轻松，能够腾出大量的时间用来提高企业的效率。但是如果合伙人选择错误，不仅会影响企业的业绩，甚至可能导致企业难以持续发展。

项目管理，就是 PM。在项目管理中有一个框架思维，就是怎样才能让一家企业做得很优秀。

我问过一个企业家这样的问题："一家企业主要做什么事情，它的战略应该怎么定？"他回答我说："企业需要思考四个重要问题。"

第一个问题：企业的流量从何而来？

客户从哪里来？怎样让更多的人关注我们？这是一个重要的话题。企业如果没有流量，就没有人关注，也就没有客户。相应地，没有人买我们的商品或者服务，我们就没有办法造血。企业没有做好流量管理，生命力就会降低，员工就会产生抱怨。所以要寻找能给我们带来更多流量的合伙人，让更多的人关注到我们。

第二个问题：如何提高产品的竞争力？

企业的战略之一，就是要解决产品如何与别人进行差异化竞争的问题。我们的产品体验如何做，才能比别人更好？未来企业的竞争，特别是在中国做实业经营的企业，压力会越来越大。因为同行业产品的竞争，已经没有太大的差异了。

一家企业的产品，一定要有差异化的竞争力，一定要与众不同。否则企业产品的价格就会被压低，企业也就没有前途。

第三个问题：人才从哪里来？

人才在哪里？他们怎么做才能胜任职位？这些问题值得思考。

第四个问题：如何与资本相处？

资本具有贪婪性，也具有控制性。有的企业不融资，规模就发展不起来。如果融资，企业就会被资本控制，甚至被资本并购。所以与资本相处是一门艺术。

关于项目管理合伙人，我们要重点考虑两个问题：第一，实现企业流量增加和产品竞争力提升的人才在哪里？第二，帮企业管理资本的人才在哪里？目前，优秀的企业都会重点思考这两个问题。

未来对项目管理的要求越来越高，日本丰田公司的管理非常值得中国企业学习。

丰田公司发明了一种管理模型，叫精益管理。丰田公司有一万多家供应商，供应商的水平高低不一。在日常经营中，哪怕有一家供应商提供的产品品质出现问题，都会给丰田公司造成巨大的损失。

精益管理有以下几个主要特点：

第一，成本控制要达到极致，即成本效率最大化。

我们去丰田公司参观的时候，顺便也参观了一家丰田的供应商企业。这家供应商是为丰田的救护车提供车顶上的模具和下面的挡风板。如果丰田自己建一个模具厂，成本一定比外包给别人要高。因为建厂要有成本，开模具有成本，招聘人员有成本，管理也是有成本的。丰田公司把这项业务外包给代理商，成本效率是最高的。代理商可能会由于管理不善不赚钱，但对丰田公司几乎是没有影响的。

第二，对品质的要求极高。

第三，特别关注产品的改善。

假如产品今天已经做得很好，那么明天有没有可能做得更好？产品出了问题，改善的办法是什么？在这一点上，很多企业确实需要学习。因为他们从来不做复盘，不做反思。即使做得不好，明天还是按做得不好的办法来做，不去改革，也不持续改善和反思，这种惰性很可怕。

第四，对人才的效率管理达到了极致。

前面讲的那家丰田的供应商企业，老板去世以后，理应由儿子接班，但他不太想做这项工作，所以想了一个办法，从丰田公司找了一位工程师来做他的项目管理合伙人。这位项目管理合伙人来了以后，做的第一件事情就是实行人才使用效率的改革。

这家企业原来有49名员工。合伙人发现如果老板出差了，助理基本上就没事可干了。等老板回来以后，他才有事可做。这就导致助理常常有半个月是没事做的。在很多公司，这种现象比比皆是。没事的时候，大家都待着，这既是个人青春的浪费，也是公司资源的浪费。

于是，项目管理合伙人做了一个人才分工的布局图。比如一号人物——总经理助理，他一周中有三天是比较忙碌的，有两天没事可干。二号人物也有一个问题，就是他不单会做A工作，还会做B、C、D等其他工作，但是公司在招聘他的时候，让他执行的是A工作。所以，他在B、C、D等工作上的重要才能没法发挥出来。

那么，对于一号人物，如果他有一半的时间没事可干，管理者会做一个日程的安排，在没事可干的这段时间里将他安排到其他工作岗位上去。对于二号人物，在工作现场有一个工作看板，看板显示，上午的前两个小时，二号人物在A岗位上工作，到了下午，他有两个小时可能会到B岗位工作；第二天下午的前半段，他在A岗位上工作，下午的后半段，他可能又转到C岗位上工作。这就是人才分工的布局图。这样的安排，把人才的使用效率提到了最高。经过人才优化，这家企业的员工由49名减少为27名，效率大幅度提升了。

项目管理合伙人是未来企业中非常重要的一种合作模式。这个项目管理合伙人的薪酬和企业的利润挂钩。丰田公司发现，他们对外输出精益管理和项目管理合伙人，能够帮助供应商在管理过程中提升效率、保障品质，以及供货及时。最后，这家供应商的运营也得到了有效的保障。

国内的很多企业也有自己的小单元、小项目，但是普遍效率不高，并且也没有很好的精益管理模式。其实他们完全可以向上游供应商寻求管理上的帮助。如果产品终端的厂家来找我们，我们也完全可以培训出一套很完整的管理模式和项目负责人。这个项目负责人，就可以帮助下游供应商做管理服务。

四川成都有一家做珠宝的企业。我们都知道，老牌珠宝企业中大家耳熟能详的品牌有老凤祥、周生生、周大福等。这些老牌企业的管理相对来讲比较传统，而成都这家珠宝企业，原来是给大的珠宝商做金银首饰门店销售的，后来他们发现自己也可以按市场需求灵活订货，于是就到南方的工艺品公司去订货，再拿到各个门店去卖。这家企业经过四五年的发展，年利润已经超过 10 个亿。

这家企业采用的就是培养项目管理团队的方式。

他们首先开了一家公司，从广州、深圳的工厂里进货，解决了货源的问题。他们针对货源问题，设定了 PMO。PMO 可以简单地理解成项目的负责人，主要对品质、交货的周期和设计做出统一的管理。有了货源，下一步就要做销售。企业首先把市场分成大区，每个大区有 CSO，即营销总监，由企业直接管理。营销总监设定以后，组建项目管理团队。项目管理团队主要是为销售服务的。然后企业开始招商，吸引投资人。企业用投资人的资金建立门店以后，让项目管理团队直接托管每一家金店，然后由工厂把货物直接运到这家企业。在这个过程中，是由企业来做监管，从而形成了一条完整的生态链。

（六）管理合伙人

1. 投资

管理合伙人，我们称为 OP。人要想挣钱，只有干活和投资这两种方式。干活和投资都可以让人的财富增加。如果你不学习、不干活又不投资，那肯定赚不到钱。

我在国内和国外都投资了房产，因为我觉得它们可以为我的资产保值、增值。一个企业家，光做生意不做投资当然也可以，但是也要充分了解投资环境。如果对投资环境不了解、不敏感，会造成企业无法充分地调动财务杠杆的后果。举一个例子来说明投资带来的好处。

广东东莞有一家企业，是生产打印机芯片的。打印机并不贵，一台人民币 1000 元左右，好多公司用的多功能打印机，最贵也就是 1 万元左右。但打印机所用的墨盒很贵。

我有一个学员的企业就是生产打印机墨盒的，在行业里面排名第三。他问我："贾老师，我们公司应不应该上市？"我说："你问我的目的是什么？"他说："有一家企业准备对我们投资，我犹豫不定。"我说："这是个好机会，因为资本杠杆的作用太大了。未来的社会是资本的天下，没有资本想做大事很难。"

这个学员在和投资方谈判的时候发现，如果接受投资，企业就没有了自主权；并且引入的股东太多，管着不爽。所以双方没有谈拢。后来，行业排名第四的公司上市了，市值刚开始是 80 亿元。一年之后，股票一下子涨到 200 个亿。那位学员又问我："贾老师，行业排名第一和第二的两家公司，都被那家上市公司收购了。现在它也有意向收购我，我该怎么办？"我说："你现在只有两个选择：一是被它收购，二是联合排名第六、第七、第八的几家公司,加上金融机构,再创造一家上市公司。"他说:"现在排名第八的企业也在准备上市,基本上也是能上市的,我怎么办?"我说:"可能你的行动有点晚了。"

2. GP 和 LP

大家要理解投资对我们的重要意义。我们被别人投资,是融资;我们投出去的钱,是投资。在资本投资的过程中,有 GP、LP、OP。GP 和 LP 前面提到过,通俗地讲,LP 只管投资,不管经营,GP 可以用金钱投资,也可以用能力投资,对经营决策负责。

当企业需要融资的时候,首先要发动企业内部人员投资。比如长松咨询的员工发现长松股份不错,也想投资。

我也希望大家投资,这对公司有很多好处。

第一,员工一般不会轻易离职,因为有股份在公司里。

第二,公司的经济实力变强了。

第三,公司比竞争对手具有更强的文化竞争力。

3. 引入 OP 机制

有一家超市发展的速度特别快,超市员工每天的工作状态对客户的影响非常大。客户可能会因为某一个服务员的态度不好,以后就不再去这家超市了。我在做人力资源工作的过程中,发现很多员工会把自己的负面情绪释放到工作中。那么,如何才能改变这个现象呢?要想调动员工的情绪,提高服务水平,有以下几个办法。

(1) 涨薪。

涨薪涉及一个问题。如果给员工涨 100 元钱,员工的服务态度的变化可能最多维持三天,时间一长,态度又会恢复原状。可是给员工涨了100元钱后，公司的整体利润却下降了10%。所以涨薪虽然是一个方法，但有时候也可能会造成企业利润损失。

（2）晋升。

企业的晋升呈现金字塔的形式，越往上职位越少，晋升的机会也就越少。所以晋升激发人情绪的效果也是有限的。

（3）培训。

增强员工态度和技能的培训，有助于调动员工的积极性。但是当一个员工的技能达到一定水平，态度达到一定状态的时候，再让他去提升，在没有驱动力的情况下，效果肯定不会很理想。

要想改善员工的状态，就要解决几个问题：第一个是由不会做到会做，第二个是由会做到想做，第三个是由想做到全力以赴。

对此，我们要做以下思考：

第一，想让员工全力以赴，要设定入股机制，让这家企业有他的一份儿。OP入股机制就是员工必须出资。因为钱在哪里，精力就在哪里。

第二，退出机制要灵活。铁打的营盘流水的兵，员工流动性非常大。员工想离开时，企业的机制可以让他转让或卖掉自己的股份。

第三，给员工二级分红。比如一家店的店长，除了在做门店管理的过程中有分红外，他还有投资的分红，我们把这叫"二级分红"，也叫管理分红和投资分红。

根据这些思路设计完以后，我们发现，OP，也就是精英员工，有两个角色：一是经营者，二是投资者。

把员工的自身利益和企业利益直接挂钩，员工就会非常关注与企业利益相关的问题了。

4. 员工该怎么入股

首先要成立一家 OP 公司，规定好员工入股的资本系数。比如我们总共入股 500 万元，1 万元为 1 个积分，入 6 万元就等于积 6 分，就能够算出所有入股员工的最终分数。再看门店的利润。比如一年的利润是 350 万元，公司就以 350 万元为超产奖的基数，分红要占总额的 20%。20% 的利润就是 70 万元。也就是说，利润在 350 万以下的时候，分红总利润的 20%；利润超过 350 万元利润时，除了分总利润的 20%，即 70 万元，还要额外根据资本系数进行分红。超出利润基数的部分，员工分红的比例会变大。创造的利润越高，分红的系数就更高，员工得到的分红比例就更高。这样，就会促使员工的动力大幅度地提升。

在 OP 项目中，有两个重要的问题：其一是员工如何入资，钱怎么进来；其二是分红的办法，即超产奖如何增值。这两个问题解决好了，企业利润就能激活。

薪酬机制中有两个重要理念：

第一，不要让员工为老板去工作，要让员工想着为自己工作。

第二，员工的利益、老板的利益和企业的利益要达到一个平衡，不要打破这个平衡。

很多老板整天算计如何给员工最低的工资，让员工干最多的活儿。但是员工总是愿意付出最少的劳动，拿到最高的收益。因此老板和员工本身就是一对不可调和的矛盾体。我所说的平衡是指，企业制定的薪酬机制和目标，要考虑到员工的想法和利益。

举个简单的例子。制定员工目标的时候，如果只考虑企业的利益，没有考虑员工的利益，员工是不可能全力以赴的。因为员工会觉得这个目标又不是他的，干吗要为别人全力以赴？即使员工感觉这个目标是自己的，但是利益和自己没有关系，依然不会全力以赴。所以在制定企业目标的时候，一定要平衡员工的目标、企业的目标和老板的目标这三方面。

（七）投资合伙人

投资合伙人，一般有20%的收益。也就是当你有一笔钱，需要进行专业化投资时，就要找一个投资合伙人。比如你投资1000万元，今年赚了200万元，那投资合伙人就能拿到200万元的20%，也就是40万元。在这种模式下，亏了钱算投资人的，赚了钱给投资合伙人分钱。这就是专业的人干专业的事。

（八）顾问合伙人

聘请外部人员做顾问合伙人，结算形式有两种：一种是直接给咨询费，另一种是以股票的形式结算。给咨询费会付出很多现金代价，可以将咨询费转化成期权。转化成期权分为以下几个步骤进行：

第一，谈咨询费。

第二，将咨询费折算成公司的股权。

第三，对公司的股权做出评估。有的你给人家股权，人家不一定要，因为如果你的公司亏损，股票对他们来讲反而是负担，没有意义。

第四，双方签订对赌协议。对赌协议主要是考查顾问为企业提供什么样的咨询方案，达到什么样的效果。但是效果的指标一定要写清楚，比如业绩的考核指标、增长率指标、落地情况指标等。

第五，通过对赌协议拿到实股。

第六，结算退出。合作到达一定程度的时候，就可以选择退出，寻找与下一个顾问合作的机会。

第十二章

人才管理

行业利润分析

领导人的号召力

胜任力管理

人才架构的设计

一、行业利润分析

人才对企业的利润增长具有非常重要的作用。人才战略如何实施，团队文化氛围如何打造，都是企业管理层要研究的问题。团队建设是很重要的一部分，很多社会管理专家经常讲解相关问题，同时这也是各大咨询公司的核心咨询内容。

要对一家企业的利润做分析，首先就要从企业发展角度，看这家企业在行业中所处的位置。行业顶端的企业，吸纳了这个行业优秀的资本、优秀的人才，做出了优秀的产品。行业前三名的企业把整个行业的大部分利润都拿走了，剩余的企业只能赚剩下的很少的钱。

其实行业中只有两种人：一种是行业的挣钱者，第二种是利润的搬运工。千万不能让自己成为利润的搬运工，搬来搬去都给别人做贡献了。

企业的财务核算，要把应收账款和企业物品的增加全部算成利润。所以去年我们美国公司核算利润的时候，发现利润比前年增长了200万美元。但这200万美元没有现钱，只有货物及100万美元的应收账款。这200万美元利润还要以现金形式缴税21%。这就是大量的企业有利润，却没有钱可分的原因。我们把这种企业的角色叫作"利润的搬运工"。

如果我们不能成为行业的精英，就不能分享到这个行业的核心利润。所以企业一定要成为一个行业的精英。如果我们对市场的发展判断不准确，或者对行业领域选择的时机不准确，就会缺乏对一个行业的号召力。没有行业的号召力，没有精英的号召力，没有团队的号召力，就没有办法组建一个优秀的团队，也就没有办法成为行业利润的拥有者，只能沦为行业利润的搬运工了。

二、领导人的号召力

身为老板，必须知道，一个人能力再大，都没有办法独自成为一个行业的利润获得者。如果你想赚钱，首先要建立一支优秀卓越的团队，让这个团队和你一起干大事。我也一直在强调打造优质团队的重要性。

如何打造优质团队？有的人学了很多战术，但我更希望管理者明白，企业团队的打造，需要多个维度的提升。其中老板自身的素质，以及这个行业对企业老板人格魅力的信任程度，是打造团队最核心的指标。

我身边有很多孩子大学毕业以后，不愿意到中小企业去上班。他们要么创业，要么到大型外资企业上班。我问他们为什么不愿意到中小民营企业去上班，他们回答："第一，我们不喜欢办公室政治；第二，如果一个企业老板本身学习能力不强，人格魅力不足，我们是不愿意和他在一起相处的,因为这会让我们非常痛苦;第三,有的老板不单学习力不强,还不修边幅,身材肥胖,抽烟酗酒,满嘴脏话。他们根本就没有人格魅力来征服我们。"

企业的业绩重构,事实上面临挑战最大的人就是实际经营企业的操盘手。企业效益好了,一切都好;但如果企业效益不好,所有责任都会归到企业操盘手的身上。

团队建设对领导人号召力的要求也非常高。号召力和影响力不同,影响力是你对别人施加影响,改造别人的行为。

号召力是你不但会影响别人,还会吸引别人,让他们特别愿意跟着你干。企业家在团队建设上,要重点培养自己的号召力。培养号召力共分为三个维度。

第一,内修。

就是内心的修养,不要花天酒地,不要只贪图物质享受。你想花天酒地,你贪图物质享受,你自私地想让自己过得很好,对不起,你的号召力一定会下降。

第二,价值主张。

开公司是单单为了挣钱,还是为了创造更多的社会价值?这就是两种截然不同的价值主张。乔布斯把自己人生的感悟和理念,全部融入苹果产品的设计和苹果公司的经营中,为苹果公司的振兴发挥了巨大的作用。

价值主张只停留在物质层面、为了挣钱层面的企业家,在号召力上是远远比不上那些放眼社会的企业家的。马云、雷军、董明珠为什么有号召力?因为他们在企业经营过程中,价值主张与普通人不同。

第三,领导力。

我有一个朋友经常训斥他的下级,他认为这是他领导有力的表现,其实不然，这反而是没有领导力的表现。我的领导力也还不够高，但熟悉我的人，都知道我很少训斥人。即使我特别生气的时候，也还是会面带微笑。

内修力、价值力和领导力，共同构成了号召力。在企业中，领导人是否有号召力决定了他能否建立一支优秀的团队。所以，要想建好团队，领导人首先对自己要有要求、有标准。

三、胜任力管理

一个人的发展有两个重要阶段：第一个阶段是他的顶峰，第二个阶段是他的归宿。其实人一生所有的气质、修养，都是为这两个阶段做准备的。比如一个人计划自己将来的事业要做得很大，但他就是不愿意去行万里路。有的人说自己有很多梦想，但他就是不愿意行动。这种人能有什么样的未来？

有人问我："贾老师，你的人生顶峰和人生归宿是什么？"我说："我的顶峰是做一个国际化的人，我的归宿就是中国和美国。因为我自己的养老地在中国，我的孩子有可能会在美国工作。我以后会两边跑。"我在美国生活过几年，也去过日本、德国、英国、法国、新加坡，我发现不是所有的人都敢迈出这一步。有的人想到北京发展，计划了十年还是没有去，其实就是胜任力不够。

观察一个人，我们得从他的言谈举止、各种行为因素上去识别。夸下海口的人，不一定能抓住机会；那些不说话的人，不一定没有能力。对于顶峰和归宿这两个目标，我们要反思自己有没有量化出来，有没有做出计划并为之行动。我的顶峰都是量化出来的，比如我的事业要求我做一家上市的跨国企业。我的归宿量化指标是，第一，我要成为一个健康长寿的人；第二，我要成为一个相对比较自由的人；第三，我要成为一个学识富足的人，拥有博士学位。我的这几个小目标，在胜任力上需要付出非常多。我想成为跨国公司的负责人，首先团队就非常难建。我已经干了两年多，但依然非常不满意。还有一个致命的问题，就是我的英语还不太好。学英语这件事情，对我来说挑战性很大。就学英语来说，考察的方面就非常多，不仅仅是光学就行了，其实对耐力、可逆性、抗压能力都有要求。人们常说"无志之人常立志"，经常说我要怎么样的人，到最后都没有达到自己想要的目标。这些都是胜任力的问题。

老板要首先定好自己的目标，量化出顶峰在哪里、归宿点在哪里后，再去匹配团队。

四、人才架构的设计

1. 显性胜任力和隐性胜任力

胜任力分为能够看得见的显性部分和不容易看出来的隐性部分。何为显性？何为隐性？比如一个团队的奋斗主动性是隐性的，一个人的学历就是显性的。经过评估我们发现，隐性的胜任力的影响大约是78%，显性胜任力的影响大概只占22%。所以不断地增强隐性胜任力，对团队的整体能力发展起着决定性的作用。

乔布斯没有大学学历，他是中途退学的。虽然退学了，但他并没有就此终止学习，而是到各个大学里去旁听。上大学与学习本身是两个概念。上大学的本质是拿到文凭，而学习是获得一种能力。也就是在这个时候，乔布斯学到了很多关于逻辑的知识。虽然他的显性胜任力，即文凭和学历并没有增加，但他的隐性胜任力大幅度地提升了。

会说英语是一种显性胜任力，领导力是一种隐性胜任力。抗逆能力、演讲力是显性的，但呈现能力是隐性的。当我们了解了胜任力模型以后，就可以将隐性胜任力的指标量化出来，这样我们就能知道哪些岗位需要隐性胜任力，哪些岗位需要显性胜任力，从而做出标准，在招聘、建设团队的时候使用。

2. 设计人才架构

公司在设计人才架构的过程中，要考虑以下两个问题：
第一，我们需要什么样的人才；
第二，社会上的人才都是什么样的。

请记住，当你创业的时候，如果你没有号召力，基本上没有人愿意跟你干。你首先要思考自己想要什么样的人才，你需要的人才与社会上现有的人才之间的重合度够不够。很多项目死就死在人才的不匹配上。

拿长松咨询来说，我们目前想要咨询师、OPP 讲师、大课（公开课）讲师、营销团队、技术工程师。把这些岗位确定以后，就要看看我们想要的人才与社会上已有的人才之间能不能进行有效的结合。

第一，咨询师。

很多咨询师都喜欢单干，我们能整合到的咨询师，能力大部分比较一般。等他们水平提高以后，又去创业了。不单是咨询公司的咨询师，律师、医生、会计师、设计师等从业者也都具备这个特征。对于咨询师，我们只能整合到 4 分。但是我的目标不止于此，我需要设计良好的机制，这样的话，在咨询行业中，如果有 30% 的优秀咨询师被长松咨询整合，那公司的业绩增长 10 倍不成问题。

第二，OPP 讲师。

OPP 讲师就是会议营销的讲师，这类讲师我们的整合能达到 8 分。主要原因是这个岗位比咨询师容易培养，如果整合不了，可以先培养苗子，自己训练。去年我们公司成长起来好几个 OPP 讲师，带来了大量的业绩。所以，这个岗位的人员流失对公司的影响并不大。

第三，大课（公开课）讲师。

对这类讲师的整合就比较难，因为想推好一个人的大课是非常难的。目前我们在这方面的整合能力是 4 分。

其他的方面，我们的团队整合能力是 8 分，工程师整合能力是 5 分。我提到这些的主要目的是想提醒各位企业老板，优秀的企业需要使各个维度人才的利益达到平衡。如果能让人才有发挥创造力的空间，在这个平台上有所作为，这家企业就成功了一大半。

我们要把需要的人才，与社会上目前能提供的人才的对比分值测算出来，形成人才架构。如果我们的公司要想大规模地扩张，将来的业绩想做得越来越好，人才架构也必将逐步完善。比如我的咨询师团队，能够从 4 分做到 9~10 分的时候，公司一定也会做得更棒。

第十三章

胜任力模型设计

- 胜任力模型的维度划分
- 胜任力模型的构建
- 企业文化构建
- 小组织构建
- 对标管理
- 团队训练

一、胜任力模型的维度划分

想提升业绩的时候,就需要把复杂的胜任力进行简化,做出胜任力模型。根据模型去招聘,就为找到合适的人才提供了标准。

如图 13-1 所示,胜任力模型可以分为四个维度。

图 13-1 胜任力模型维度图

第一个维度:素质。

相对而言,国家越不发达,整体国民素质越低;国家越发达,整体国民素质越高。中国人的素质正在快速地提升,这主要归功于现在的年轻人大都接受了良好的教育。

第二个维度：资质。

比如会计师岗位，需要会计师的相关工作资质。同样是做网络销售，我的美国公司就需要一批能熟练使用英语，并且懂国际贸易有专业知识的人才。

第三个维度：专业。

专业的人干专业的事。

第四个维度：经验。

既然是专业人才了，那就要再看有没有相关的经验。胜任力模型的四个维度中，资质和专业是显性的胜任力，通过简历，通过考察，大家一眼就能够看出来；经验和素质是隐性的胜任力。

二、胜任力模型的构建

胜任力模型的构建如图 13-2 所示。

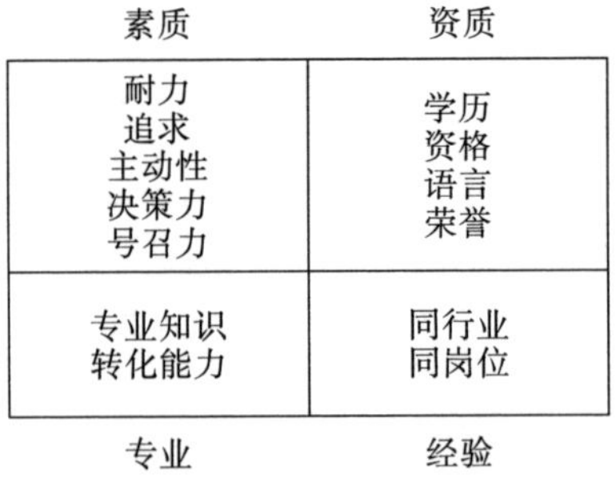

素质	资质
耐力 追求 主动性 决策力 号召力	学历 资格 语言 荣誉
专业知识 转化能力	同行业 同岗位
专业	经验

图 13-2 胜任力模型的构建

（一）素质维度

1. 耐力

我在授课分享的时候，经常问大家："什么样的人最容易挣到钱？是特别有能力的人吗？"大家普遍认为不是。我经过多年的观察发现，有耐力的人最容易挣到钱。大学毕业五年以后，贫富差距立刻就显出来了。你会发现，坚守在某一个领域中，干的时间最长的那个人，他的财富往往是最多的。

人的青春和才华都是有限的，不要随便地浪费，随便地糟蹋。我们要好好地利用这些美好的时光，提高效率，把自己的才华变成财富。

2. 追求

与耐力相关的还有追求。我发现团队里面一般有两种人：一种人是有追求的，另一种人是没有追求的。

当然，追求也是有档次区别的。有的女孩子喜欢背名牌包、穿名牌衣服、吃大餐、住豪宅、开好车，这是不是追求？我觉得不是，这是欲望。千万别把欲望和追求混为一谈。

我们不但要有耐力，还要做有追求的人，打造有追求的团队。这种要求营造的氛围，就是不断地输入和输出。我的几位富豪朋友说："我们几个人，就这两个特征：第一，始终坚持优秀的行业不放，不会就学，敢于开拓；第二，我们真的没有太多欲望，就连平常吃饭、买衣服，要求都不是很高，但是对我们为社会提供的产品和价值，要求比较苛刻。"

有很多老板错误地认为，给员工买名包、名表、名车，发奖金，大家就会开始有追求。但他们慢慢会发现，需要学习的时候还是没人学，这样的团队氛围和文化早晚会出问题。

3. 主动性

主动性和业绩有很大的关系，与学习力、组织力也有很大的关系。"凡是掌握主动的人，就掌握了局势。"在这个世界上，永远是那些掌握主动权的人在弄潮。所以，千万不要跟风、等待，想要什么就必须付诸行动。

4. 决策力

素质模型能够创造业绩，是因为有决策力。

有的人工作时没有决策力，做什么事都是等、靠、依附，让他拍板的时候他就很惶恐。有些人遇到人生大事的时候，不敢果断做决定。比如一个姑娘碰到一个好男人，在她评估、怀疑、惶恐、迷茫的时候，人家都结婚生子了。这就是没决策力造成的。有的老板在与别人合作的时候，也是惶恐、评估、犹豫，最后失去了难得的机会。

5. 号召力

号召力就不用多讲了。

耐力、追求、主动性、决策力，再加上号召力，共同构成了业绩模型的第一个维度，我们把它叫作素质模型。不同的岗位有不同的素质模型，但总体上要想提高业绩，首先要把握好这几个大方向。

企业在招聘人才时，看一个人有没有耐力，可以看他曾在多少家单位任职。超过4家的，我一般都很慎重，因为他在我这儿也不一定有耐力。看一个人的追求,跟他一聊天就可以了解了;看一个人的决策力,给他一点权力,让他去拍板就能看出来了;看一个人的主动性、号召力,跟他沟通 10 分钟就能大概了解。这些就是我多年来在做管理的过程中考察别人的内在标准。

(二)资质维度

1. 学历

学历很重要,读书是一件很辛苦但也能让人受益很多的事情。我这几年在美国接触的大学比较多,特别是斯坦福大学、加州大学伯克利分校、哈佛大学这几所大学,他们的学生都是经过千挑万选的。孩子能够挤进这种环境,浸泡其中,各方面所受的影响一定也是巨大的。

2. 资格

要想担任会计工作,就要有会计证;想当老师,就得有教师资格证;想做金融基金经理,就要有基金经理的证书。资格证是对一个员工专业知识的基础要求。

3. 语言

语言对人的影响很大,一个人会的语言种类越多,视野往往会越宽。在美国不会英语,无论干什么事情都会受到阻碍,因为跟别人会表达不清楚。

4. 荣誉

其他资质包括各种荣誉证书等。

（三）专业维度

专业维度包含个人的专业知识和个人对知识的转化能力两个方面。

比如要成为医生，需要学会很多专业的医学知识，但是学会了医学知识却没有转化能力，也不行。

再比如一个护士要学打针，但是真给别人打针时她却恐惧，患者没有晕针，她先晕针了，也不行。

（四）经验维度

从事同行业、同岗位的经验非常重要。

2000年，我第一次参加培训，当时是劳动和社会保障部（现为人力资源和社会保障部）与《中外管理》杂志社联合举办的3天培训课程，总共有6个老师讲课。那是我人生中第一次参加培训，我从头记到尾，特别兴奋。后来我在公司担任人力资源总监，便开始思考：我有没有可能成为培训师？那个时候我真不敢想象自己能成为培训师。之后，我又连续参加了五六次培训，并拍下视频。后来，我又到清华、北大、人大等各大院校去听MBA的课程。听完课以后，我有了信心。我的一位朋友说："你具备了这些能力，关键就是能不能忍受孤独，浸泡在这个环境里。"我回来又想想，自己确实还没有经验，只是在一家公司做人力资源总监。但我为了这个梦想，就辞职不干了。

之后，我应聘到一个大学的教育培训中心做人力资源部部长。我主要的工作是招聘老师。大概做了一年以后，我依然不是一个培训讲师。这可怎么办？于是我开了一家咨询培训公司，那是2003年。

开了咨询培训公司，我就得去约咨询师参加培训。当时压力太大了，我以前睡眠特别好，从那个时候起，我天天失眠。因为当时那个班计划招收200人，结果离开课只有一星期了，报名的才5个人。我总共投资50万元，弄不好这50万元一个月就亏完了，所以当时压力真的非常大。在这种压力下，我们干了整整一年。到2004年，我就受不了了。我觉得我公司好多老师的讲课水平都不行。于是我开始学着讲课，开始从同行业走入同岗位。

我2003—2004年四处学习，挣的钱都交学费了。从哈尔滨到长春，到北京、上海、广州、深圳、武汉、郑州、西安，我都去学习过，跟各类老师学习。白天学习，晚上做课件，还买了好多管理类的视频讲座光盘，看人家是怎么做演讲培训的，训练自己的演讲能力。

一年多之后，我开始出去给别人讲课。刚开始都是免费讲，因为我要积累经验，提升自己的讲课水平。

在一个岗位上工作过两年和拥有两年工作经验，完全是两个概念。我深刻地知道，一个岗位想做深、做透，需要大量工作经验的积累。

在企业中，千万不要认为表达能力最强的人，一定能做出好的业绩；不要认为上蹿下跳、非常灵活外向的人就一定素质高；不要认为摆出一大堆文凭的人，就一定能够创造出更大的利润；更不要认为，一个人在一个岗位工作了很多年，就一定拥有丰富的经验。我们还是要制定出比较清晰的标准，考察几个关键指标，才能够把人看得更加透彻。

三、企业文化构建

怎样组建团队？这是一个非常重要的人力资源问题。世界上最宝贵的不是钱，而是人，特别是非常职业化的人。如果没有这样的人，老板会累死的。企业战略方面的第一个问题是流量问题，就是客户和关注点从哪里来；第二个问题是产品问题，就是如何让产品更有竞争力；第三个问题是实现流量变现的人在哪里，他们如何才能胜任。

（一）写出来的企业文化

要想解决企业的这些问题，要特别记住三个重要的要素：企业文化、企业使命、企业机制。这三个方面对团队业绩的增长影响最大。

企业要想业绩增长，前提是构建一个优秀的团队。优秀的团队是肉身，灵魂是老板植入的企业文化。这种文化表现为多种形式。

第一，实干。

干好了晋升，干不好要降职，这种文化才能叫作实干文化。长松咨询所有的子公司，不能连续亏损一个季度，否则就会被关停。2018年长松咨询又出台了一条"收购政策"。某家子公司如果做得不好，就会被其他做得好的子公司收购，即小组织核算收购。不管是晋升和降职，还是收购，崇尚的都是一种实干文化。

第二，PK。

PK文化就是在一家企业中，老板要敢于讲真话，不回避数据问题，不管员工有没有做出业绩，老板都不回避。现实中有很多老板不敢面对问题，导致在员工晋升时，考察的不是有没有能力，而要看关系、凭感觉。

长松咨询一个子公司的老总业绩做得不太好，他经常给我发微信，发红包，我对他说："你要记住，你发红包给我和你是不是会被开除没有关系，因为咱们公司是崇尚的PK文化。"

第三，相信。

相信的背后，必然要求员工要做正人君子。要让别人相信你，首先你对自己要有要求，要向上生长。

想让别人信任你，自己要修炼，个人要成长，要愿意给别人分钱，不要把所有利益都装到自己兜里。长松咨询这几年值得团队留下来的最大理由，就是我从开创公司到现在，从来不做公司最大的受益者。

比如我们子公司的干部团队是利润56%的分红，我是投资人，按道理来说，我要100%的分红也没问题，但是我分出去56%，还剩下44%利润。并且这44%利润有一半留在公司，我基本上没有拿过。这也是我经营公司的理念，我永远不做最大比例分红的人。但是我的收入并不低，我讲课、做咨询、做投资的收入也不少。我的收入源于我的勤奋，而不是掠夺团队的利益。

另外，我不愿意做一个偷税漏税的人。长松咨询是守法、守信经营的。

第四，服务。

越成长、越富足，越知道服务的重要性。那种什么都不了解的人、非常猖狂的人是没有服务力的。

（二）没写出来的企业文化

一个团队首先要制造一种氛围、一种文化，用这种氛围文化来影响大家。没写出来的文化，往往比写出来的文化更宝贵。因为企业文化是企业在长期生产经营过程中形成的思想和行为的指南，有进化、分享、付出三个特征。

第一，进化。

进化就是一种改变。人想改变，需要读万卷书，行万里路，阅人无数，做万件事。这些看似简单却又很难做到。

进化表现在长松的产品上。听过我的大型公开课的人都知道，我每讲一堂课，内容都会有所改变，每次内容至少要更新10%。我讲一天的课至少需要准备10天，因为听我讲课的是上千名企业老板，我要保证我的每一句话都经得起严格的推敲。所以长松咨询是一个进化的组织。企业不进化，就没有了生命力。

第二，分享。

长松咨询每年都会举办一场为期四天的学习型春节活动，每次上台演讲的大概有30人，其中有各部门总经理、OPP讲师、公开课讲师、股东、销售冠军等。他们每次都会把自己创造佳绩的经验无毫无保留地分享给大家，这是长松咨询员工最让我感动的一面。一般情况下，子公司A做不好了，就到B子公司那儿去取经；B子公司做不好了，就到C子公司那儿去取经；我在课堂上所有的教学资料，也会分享给大家。一些竞争对手也在学习我们的经验，但我们也没被这些竞争对手打败。

第三，付出。

我这里说的付出，和一般人理解的付出不一样。我说的付出是，一个人自己不挣钱的时候，他还要让别人挣到钱。

长松咨询有一位老师叫于东英，她原来是一家大型集团的人力资源总监。她刚开始是我的学员。课后，她的老板把她的岗位价值测评拿给我看，我跟她老板说："这个人你千万别放走，她可是一个当总经理的人才。"她老板于是把于东英提拔为总经理。她确实干得不错，业绩翻倍。过了一段时间，于东英生病了。这时候她重新思考了一下自己的人生，虽然挣得不少，但这么拼是为了什么？于是她辞职了。经过一年时间的休整，她来到长松咨询广州分公司做服务。她之前做了多年的人力资源总监，又学了长松咨询的组织系统。她将自己的经验与长松咨询的组织系统结合起来做服务。她的潜质非常好，素质又非常高。她现在已经50岁了，但给人的感觉还像一个小姑娘似的，始终充满着青春的气息。她发微信给我："我做的工作，并不完全是为了钱。因为这个体系可以帮助客户成长，这才是我工作的初心。"

当然，长松咨询里有很多人是为了钱工作的，这不能说他们为了钱就没有付出。不过，只盯着钱的人，最后很可能会成为钱的搬运工；而凡是肯帮人、肯付出的人，其实就是在挣钱。有很多人也想付出，却感觉自己能力不足，没有这个条件。所以付出对人的要求挺高的。

企业拥有了进化的能力，拥有了分享的能力，拥有了付出的意识，这都是宝贵的文化财富。这时候，再加上写出来的企业文化，就是我们想建的团队文化。我们要为团队打造一套文化体系，如果没有这种体系，招来的人就没有浸泡的环境。

浸泡就像把一件东西放进一个大缸，这个缸分为三层：下层浸泡的是追求，中间层是行业竞争力，上层就是文化。中国古语有之："与善人居，如入芝兰之室，久而不闻其香，即与之化矣；与恶人居，如入鲍鱼之肆，久而不闻其臭，亦与之化矣。"这句话说的就是环境对一个人的影响到底有多大。

四、小组织构建

（一）找什么样的人，就搭建什么样的组织

组建团队其实就是"选、育、用、留"这几个字。很多企业招聘

的时候，不知道要招什么样的人，也不知道怎么建设组织。组织分为大组织（group）和小组织（business），无数个小组织，构成了一个大组织。我们招聘的时候，是从小组织开始的。

在团队建设的过程中，如果没有小组织，大组织的凝聚力就会分散。大组织的缺点是进步慢，小组织的缺点是高管比较容易出去创业。小民营企业的高管非常容易出去创业。而大型国有企业和外资企业，员工反而很少出去创业。小组织的好处是：在管理上信息非常畅通，凝聚力更容易形成，淘汰和晋升非常容易，人员编制容易达成。可见，大组织和小组织各有各的优缺点。

企业要想做得有活力，最好还是将大组织划分成一些小组织。比如海底捞，它是一家大型企业，但它又是由一个个分店组成的，每个店都是一个小组织，组织之间又都非常统一。

把大组织划分成小组织，要注意几个问题。

第一，价值的计算办法。就是每个小组织的业务对象是谁、员工创造了多少价值、该怎么提成、该怎么拿奖金、该怎么分红等，都要清清楚楚。

第二，梳理好业务关系。

要想规避小组织的风险，光靠人力资源和组织系统是不行的，必须上升到战略层面。把一个大组织分成几个小组织，必须有几个重要的动作，让小组织之间随时发生业务关系，同时要梳理好它们之间的业务关系，要明确谁为谁服务。比如人力资源部门，就是为营销部门和制造部门服务的。

第三，组织与组织之间如何划分。

第四，如何选取领导人，就是由谁来管理这个组织。

解决了这四个问题，组织划分的问题基本上就解决了。

（二）领导人团队的搭建

要想搭建一个好的团队，首先要搭建领导人团队。领导人团队就是老板加上三五个领导人，这些人的基因决定了企业的文化。在一家企业中，选领导人就是在定基因。几个核心领导人的观念，决定了这家企业的文化基础。所以选领导人，一定要特别慎重，一般有以下几个标准。

第一，善良正直。

长松咨询选领导人的首要标准是善良正直。比如管理营销的核心领导人傅春雨，没有人说他不善良。他虽然不是长松咨询历届的业绩冠军，但是他做过冠军，否则是不可能成为总负责人。他为了组织特别能付出，任劳任怨，毫无怨言。

第二，有解决问题的能力。

傅春雨除了正直善良以外，还有一个非常重要的特质，就是他有解决问题的能力。领导人不能一碰到问题就去找老板。

第三，有整合人才的能力。

整合人才最重要的就是招聘和培训两方面。这两方面为形成企业的基因打下基础。企业的基因源自大老板，通过领导人的行为的传播，在企业形成文化。

（三）操盘手班子的搭建

在进行组织划分的时候，要选择领导人种子。每个小组的负责人，我们称为"操盘手"。我还专门有这样一门课程，配套的同名畅销图书叫《企业操盘手》。

对操盘手的选择也非常重要,因为他们肩负重任,要培养大量的员工。我们把这些人叫"大树"。铁打的营盘流水的兵,企业会不停地换人,但大树要有一定的稳定性。我对这些人的要求是:

第一,要具备带团队的能力。

带团队的压力最大,所以操盘手的第一大能力就是带团队的能力。

第二,要能做出业绩。

有的操盘手做着做着就没有黏性了,不想做了,这时就要考虑换人。干部必须有业绩能力。不能创造业绩和利润,否则你和这个岗位就是无法匹配的。

第三,要遵守纪律。

遵守纪律,包括认同企业的产品销售政策,执行企业所有流程。

企业的管理团队,是由领导人和操盘手共同构成的。很多企业没有这个团队,老板直接领导业务员,很耗费精力。其实,只要有一套完整的逻辑体系,企业总裁就不必事必躬亲。

我们把选择操盘手的过程叫作"选将四零",意思就是,一家优秀企业的将领人员大约要有40个。这40个人要由老板亲自考察,亲自管理。

(四)员工团队的搭建

当大树级的操盘手和高级领导人准备好以后,就要大规模地招聘员工了。要想做出业绩,必须有优秀的员工,我们把员工叫作"种子"。企业一般不容易直接招到太多的成手,大部分新员工都是"小白兔"。小白兔的特征往往是要业绩没业绩,要资源没资源。所以,在搭建团队的时候,就要为"种子"规划发展路径:"小白兔"—助理—精英—主管—操盘手。

这一过程中,要首先找出操盘手的标杆,即操盘手的资质,然后选拔具备这样资质的"种子",进行对标培养。

五、对标管理

优秀的对标管理包含几个重要的方面。

(一)和优秀组织对标

在招聘时要对标优秀组织。优秀组织的人力资源结构是什么样的,我们就要怎么做,千万别凭感觉来。

如果这个对标做不了,那就从对标的企业里挖人。

要和优秀的企业对标,就必须做出简历标杆。简历标杆包含学历、年龄、素质、资质、经验等,全部用数据进行量化,做出对标。

(二)逻辑对标

企业经营逻辑的确定叫逻辑对标。逻辑对标主要包含三种逻辑,分别是产品逻辑、流程逻辑和价值逻辑。

小米的逻辑对标能力非常强。它的经营逻辑就是首先要有流量,所以小米制造手机。流量背后的目标是要变现,所以小米有了商城。

变现以后要获利，所以小米与其他人合伙。小米是先制造手机，再做商城，然后大规模地合伙做企业。2017年，小米凤凰涅槃得非常轻松，主要是它把品质放到了第一位。小米的新文化是"闭上眼睛购买，等于买便宜"，说明小米做的东西让消费者放心。

（三）配置对标

配置对标主要是指产品服务的对标。如果你的配置相比竞争对手低太多，也就失去了服务的能力。

六、团队训练

团队是企业最重要的资源和武器。和企业家交流的过程中，我一般会问他有多少个团队，每个团队有多少人。凡是认为自己水平很高，不需要团队的人，我基本不会跟他合作。因为我找合伙人看的不是一个人，而是一个集体。

我经常到全球各地的企业去参观，其中给我印象最深刻的企业是谷歌。谷歌公司很有意思，员工可以早上6点来上班，也可以下午两点来上班，时间是自由的。谷歌公司用的是OKR（目标和关键成果法）的考核方式，所以没有严格的上下班时间。但大部分人都在正常上班，因为谷歌公司提供免费的早、中、晚餐，晚上8点、10点、12点还有定时的夜宵；并且提供免费住宿。所以如果你是个单身汉，公司就是你的家。那他们怎么进行绩效考核？是通过一个软件，让员工在上面给自己定目标。公司所有人都能看到你定的目标，所以大家的目标都定得比较客观，有一定难度，具有挑战性。

谷歌有一个非常开放的系统，午饭结束到下午上班之前的一个半小时，可以开交流会。比如你是做运营的，不懂技术，就可以约全公司懂技术的人一起交流。另外，你还可以在公司内网提问，如果别人看到了你的申请，在网上回复可以教你，然后你们可以约到一起，带着电脑进行交流。谷歌的员工就是相互学习、共同成长的，公司的文化氛围非常好。

企业的新团队组建起来以后，必须经过训练。团队的训练包含内部培训和外部培训两部分。

（一）内部培训

内部培训，指企业内部有一整套的培训系统，即由企业内部的专家能人训练自己的员工。一家成熟的企业，应该把80%的培训放在内部。

要想把企业的团队做得非常棒，就要学会沉淀和固化，这叫有"积累性"。目前中国前几名的互联网公司，阿里巴巴、京东、腾讯、百度、360、今日头条，它们的积累性特别强，所以同类型的小公司进入这个行业，面临的结局往往是，要么被干掉，要么被收购。这几家巨头的积累性不仅包含了资本的积累性、管理技术的积累性，也包含了企业文化沉淀的积累性，以及数据的积累性。内部培训，就是将内部积累性的东西，逐步传递给团队成员。中小企业更要明白，在当前条件下，重要的是积累什么、培训什么。

企业的内部培训主要包含几个方面，如图 13-3 所示。

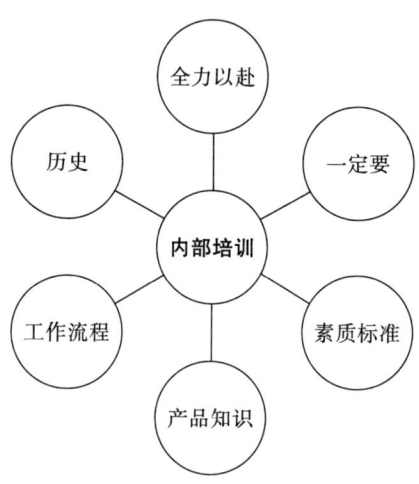

图 13-3　内部培训内容

1. 全力以赴的精神

凡是接受过全力以赴精神熏陶的公司，基本上都取得了良好的业绩。长松咨询上海分公司的总经理燕翠，在上任之前跟我说："我很惶恐，上海这么大的城市，让我一个女生担任总经理，我能胜任吗？"我告诉她："你只要全力以赴就一定能做出业绩。"

"全力以赴"和"尽力而为"是两个概念。很多人在碰到阻力时感觉不爽，轻易就放弃了。有的公司从来不做面对面分享和面对面鼓励，这样很容易把怨言留给对方。我们千万不要有这种心态和思维方式，否则肯定会错失很多机遇。

我有一个远房亲戚是中国科学院（以下简称"中科院"）的保安。

中科院一个科研所的所长由于年龄大了,腿不舒服。那天下着大雨,这位所长正要下班回家,我亲戚一看,连忙给这位所长打着伞,帮他找出租车。走了几百米才拦到一辆出租车。所长身上一点没湿,他自己身上全湿了。他看到所长腿脚不方便,坐上出租车,把所长送回家又扶上楼。所长觉得这小保安很认真负责,于是就建议把研究所的食堂承包给了他。因为他把食堂也经营得非常好,后来中科院下属的几十个研究所食堂也都承包给了他,他的人生轨迹也因此改变。

这就是全力以赴的精神。长松咨询在无数次转折中,都是靠这种精神支撑过来的。这种精神,特别在营销团队中,要将它发挥得淋漓尽致。

企业内部培训要经常向员工宣扬全力以赴的精神。因为团队的精神面貌会决定这个团队的结果。

2. "一定要"的决心

开公司、当老板是很难的。如果你不是老板,一定不知道老板内心的煎熬、孤独和恐惧。别看老板们表面都挺风光的,其实都是靠"一定要"的决心在支撑着。"全力以赴+一定要"的精神,解决了人心问题,解决了氛围问题,也解决了文化问题。

我在当讲师以前,讲课水平和语言表达能力很差。我为了能讲好课,拜过三个师傅,都是叩首师傅。我是师胜杰老师的第十五个弟子。有的人不理解:你是个咨询师,为什么要拜一个相声大师为师傅?其实相声是语言艺术,我的演讲也是语言艺术,它们是相通的。我想要拜师胜杰老师为师很难,第一,师胜杰老师成名已久,温文尔雅,水平很高；第二，师胜杰的弟子有邹德江、刘彤、王刚、侯军、李菁、刘伟、常远等人，每个都是业内的"腕儿"。那我"一定要"，怎么办？就要有全力以赴的精神。

我第一次去美国的时候，是和师老师一块儿去的。那天晚上我在美国的马路上遛弯儿时，想着要和师老师聊聊天，就想着给他买瓶茅台酒。于是我跑到一公里外的一个华人超市去买酒。这个超市9：30关门，我到那儿时9：28，正好赶在他们关门之前。可是当我准备埋单的时候，发现身上没带钱，这可怎么办？我跟店员说："今天这瓶酒对我非常重要，你能不能等一下，我回去拿钱？"这个店员请示了他的店长，店长同意了我的请求。

买到酒回到住处，已经不早了。我找到师老师的房间敲门，师娘说："谁呀？"我说："我是贾长松。"屋里说："睡啦！有事明天吧。"我说："我知道你们睡了，但我有一样东西要给你们。"他们开了门，我双手捧着酒递给师老师，当时他的表情一怔，体会到了我的用心。这个世界上，万事万物莫过于"用心"二字。我当时没有提出要拜他为师的要求，送完东西，他们关门休息了，我也就回去了。

那时候我刚到美国，时差还没有倒过来，睡不着。我正在发呆，电话响了，我接起电话就听到师老师的声音："小贾呀，你睡了吗？"我说："没睡。"他说："我也没睡，你来我房间喝酒吧。"我一听，正合我意！我飞快地跑过去了。我们爷俩就边吃着花生米，边喝茅台酒，边畅谈人生。他问了我很多关于经营、定位、讲师的问题，其实这是他对我的一个考查。很快，十几天的美国之行就结束了。回国以后，我就通过师老师的女儿转达了我想拜师学艺的愿望，师老师立刻答应了。

长松咨询遇到过很多困难，基本上每年都要遇到一个大困难，但是它今天依然如磐石一般地活着，就是因为公司有很多内在的价值主张在支撑着整个团队团结向前。你的企业是否积累了足够多的经营理念、灵魂和价值观，决定了企业是否有旺盛的生命力。

3. 提升素质标准

我个人觉得，素质最起码包含两个方面：一是精神面貌，二是礼数。

有的领导在做管理的过程中，很容易出现倚老卖老、面子大于天等问题。有些人认为：企业有了一点业绩，都是我做的；团队里出的成绩，都是我的功劳，这叫没有礼数。作为一个团队的管理者，礼很重要，要学会尊重人。不管对方犯了什么错误，不要当面训人，因为这样会让人觉得很没面子。坐有坐相，站有站相，我们把这叫作礼数。"礼数不输人"，这是非常重要的。

精神面貌就是指阳光、正面、向上的精神。这是团队中必不可少的。一个团队如果只把赚钱当成第一目标，被破坏的还是事业。如果把做事业当成首要的指标，那事业定会成功。

"全力以赴""一定要"，再上加"素质标准"，基本构成了一家企业的核心精神文化面貌。

4. 产品知识培训

产品知识包含以下几个方面。

第一，产品政策，即产品在价格方面的优惠政策是什么。产品政策一定要清晰，不要让业务员每一单都去请示老板，问老板给不给客户优惠。

我一个大学同学在北京开了一家装修公司，年流水最高的时候做到 1 个亿。但是我曾经跟他讲过，他这家公司早晚会破产。因为他公司的定价没有标准，大客户要贵的，小客户要便宜的，还要跟业务员谈价格。凡是业务员都能谈价格的公司，肯定发展不大。业务员负责价格谈判，很容易会产生腐败，难免不从中获利。

第二，产品文宣。

第三，产品测试，就是测评产品能不能支撑团队的收入，能不能让企业赢利。有的企业不做测评，定价有问题，对竞争对手的了解不清晰，交付也有问题，那它多半活不长久。

第四，产品价值。

政策、文宣、测试、价值这四大法宝，共同构成了产品的知识。关于产品的知识，每位员工都要倒背如流。

5. 工作流程

老板要把企业的工作流程、环节输入和输出的办法深入地培训给员工。

6. 历史与文化

每家企业都要把优秀人物的历史和企业文化渗透给员工，让员工了解企业，信任企业，以在企业工作为荣。

我们把以上内容，叫作内部培训。内部培训做完以后，要进行考试，考试结果不过关的员工就不能上岗。没有经过内部文化培训和洗礼的团队，不是一个真正的团队，也不会有真正的凝聚力。

(二) 外部培训

如果一家企业运营得特别好,外部培训相对就会比较少。因为它的内部培训体系是比较健全的,有一整套属于自己的内部逻辑和文化体系。

我个人认为,外部培训包含几个方面,如图 13-4 所示。

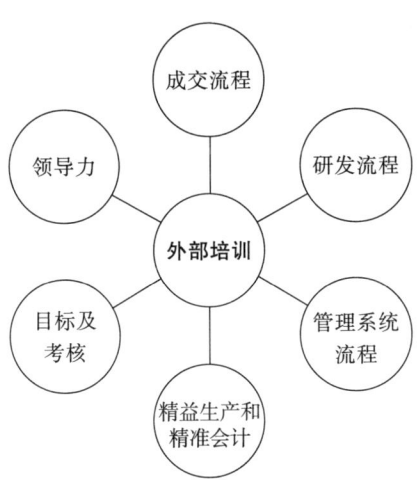

图 13-4 外部培训内容

1. 成交流程

成交流程、研发流程和管理系统流程,市面上都有非常清晰的方案。我比较擅长的 OPP 成交流程,就相当于一种机会营销的成交流程。但是成交流程除了 OPP 成交流程,还有广告成交流程、大客户营销成交流程等。我们学习的时候,一定要"吃透"。在这个领域中,已经有成熟的理论和方案,但是很多企业家都崇尚经验学,当公司业务做得比较好的时候,他们就不学习了。有的企业,老板是最大的业务员,他身后是一群搞生产的。这样的企业很难做大。要想做大,得做杠铃型的组织。杠铃型的组织是指前边是营销，后边是生产，老总在中间。企业光有流量没有现金会死得很惨。成交流程解决了，才能真正解决现金流问题。

2. 研发流程

研发流程也是一个非常重要的流程。现在，研发流程做得好的体系有四套。

（1）IBM 的 IPD（集成产品开发）。

有一本书叫《华为能，你也能》，建议大家看一下。如果企业能够活用这套体系，那企业的水平也能够大幅度地提升。

（2）苹果公司体系。

（3）西门子的研发流程。

（4）SAP（企业管理解决方案）。

成交流程和研发流程作为研发端，研发了生产端、营销端，决定了一家企业的真正竞争力。

3. 管理系统流程

企业的管理形式多种多样，千万不要见什么学什么。比如，海尔的管理模式强调人单合一，强调人人都是 CEO，这也是海尔的创客精神。海尔的经营文化是把大组织分成小组织，每个小组织独立进行核算，独立评估，独立进行市值管理。

而华为是集团军作战，不提倡小组织、小团体的经营形式。他们采用的是 IBM 的项目管理体系，把横向部门全部结合在一起。即使研发一个很小的部件，也需要研发部、工程部、生产部、监理部、制造部、QA 部、客服部、人力资源部、财务部等参与。

一个是大集团军，一个是人单合一的小个体，你说谁对谁错？

任何一套管理方式，都有相应的哲学体系、相应的适应背景和相应的条件支撑。所以在选择管理体系的时候，一定要做到精准。

我把管理系统分为利润管理系统和基础管理系统。比如，组织系统属于技术管理系统。企业今天不建组织系统，明天就会落伍。企业要舍得花钱在建立组织系统上，因为它是基础管理系统。像财务系统、组织系统、流程系统，这三大基本系统对利润有没有帮助不一定，但都是必须花钱建的。

市面上流行的一些系统，对利润是有极大帮助的。很多老板问我先做对利润提高有帮助的系统行不行，我说不行。因为没有基础系统，根基不牢。

阿米巴经营、精益管理、投资，这些都属于利润管理系统。投资是为了让钱生出更多的钱，精益管理是为了让效率提高，阿米巴经营是为了做单位组织的利润管理，它们都是建立在基础财务、基础流程和技术组织系统上的。

4. 精益生产和精准会计

没有精益生产和精准会计，企业的效率管理就做不起来。

5. 目标及考核

目标及考核系统是利润管理的核心系统。目标管理和考核，我们采用的是 KPI 考核办法。在操作过程中，至少有 90% 的企业是错误的。

比如很多家长都喜欢让小孩去参加培训班。但去培训班这个目标是家长的还是小孩的？有的家长让小孩参加培训班的时候，根本不跟孩子商量。一到周末，家长就带着孩子参加各种培训。可笑的是，这些培训都是为了实现大人的理想而办的,所以孩子肯定不爱学呀!

大部分企业的目标制定也有这个问题,即企业的目标是老板的目标,没有人会考虑员工有什么目标。优秀的企业在制定目标的时候,一定要把员工想的和老板想的都考虑进去。如果这个结合点找得恰到好处,员工在工作的过程中就会非常有激情,因为他明白这个目标和他有关;否则工作对他来说就是应付了事。

既然目标定错了,那考核也会错。所以业绩要想重构,就要明白企业目标与员工的关系。

6. 领导力

领导力的提升也要靠外部培训。领导力总共分为五级:任命权、薪酬权、奖罚权、专家领导权、影响力领导权。如果团队管理者的领导力低,那团队每一个成员的领导力往往都不高,这个团队的整体领导力就会变低。

第一级:任命权。

一级领导力就是任命权,凡是被公平合理任命的人,一般都有领导力。有一个人跳槽到我的公司上班,我问他:"你为什么不在原公司上班了?"他说:"原公司里是我们老板、老板娘和老板的小姨子、小舅子担任高层。我怎么能还在那儿待呢?"只要有这些亲戚在公司,这家公司肯定就没有人才了。长松咨询的重要岗位中,没有一个人和我有亲缘关系,这就叫任命合理。

第二级:薪酬权。

能给别人发薪酬、定价薪酬的人,要有一定的领导力。为什么很多人害怕老板,不害怕同事?因为老板看你不顺眼,可以扣你工资,让你有一种莫名的恐惧感。

有一次，一个女员工见了我说："贾老师，为什么我见到你就紧张？"我说："如果我是你的邻居，你见到我就不紧张了，因为你和邻居没有利害关系。但现在我是你的老板，我看你不顺眼就可以扣你工资。"理论上，这是一种领导力。

第三级：奖罚权。

很多人一见到交警，就会有莫名的紧张感，是因为如果违反了交通规则，交警就可以罚他。

我们把任命权、薪酬权、奖罚权这三种领导权叫初级领导权。高级领导权包括专家领导权和影响力领导权。

第四级：专家领导权。

专家一般都熟知产品业务，自带权威。我们也经常会说，听一下理财专家的意见，听一下法律专家的意见，听一下病理专家的意见，听一下医生的意见，等等。关键时候，我们是相信专家的。

第五级：影响力领导权。

影响力领导权，也是品格力。人们一般最相信品德高尚的人。

领导力的这五级培训，都是通过外部培训传导过来，修正行为、优化办法、提高流程，以及改善效率的。

一个团队组建以后，首先要对团队成员进行全方位的训练。训练分为短期训练和持续不断的长期训练。当团队的业绩效果不理想的时候，必须把它放到一种氛围中煮一煮，蒸一蒸。当团队的奋斗文化氛围正确对标了，团队的业绩提升就指日可待了。